100

IDEAS

para REALIZAR

EVENTOS

inolvidables

e6
25
.com

100 IDEAS PARA REALIZAR EVENTOS INOLVIDABLES
e625- 2024
Dallas, Texas
e625 ©2024 por e625

Todas las citas Bíblicas son de la Nueva Biblia Viva (NBV) a menos que se indique lo contrario.

Editado por: e625
Diseño Interior: JuanShimabukuroDesign

ISBN: 978-1-954149-35-9

IMPRESO EN ESTADOS UNIDOS

100 IDEAS para REALIZAR EVENTOS inolvidables

COLABORADORES

RICH BROWN

ELISA SHANON

Y MIEMBROS DEL EQUIPO
DE RECURSOS
DE E625.COM

PRESENTACIÓN IMPORTANTE

¿Quién no necesita ideas? Todos las necesitamos. Ideas frescas, excéntricas, inolvidables y osadas. Sobre todo, cuando el propósito es cautivar a un grupo selecto de personas con las verdades eternas de Dios.

La creatividad es un regalo del cielo y una gran noticia que tenemos para darte es que la creatividad de otros puede también ser tu creatividad. ¿Quién lo sabe todo por generación instantánea? Solo Dios. Los demás, aprendemos compartiendo ideas unos de otros y de eso se trata este libro y esta serie. (Este libro es parte de otros materiales de este estilo).

La creatividad se aprende. Demanda trabajo y planificación. Requiere algo de desinhibición cognitiva, fe y amor. ¿Por qué amor? Porque si te desespera que tu público aprenda, es porque les amas y cuando les amas, no tienes tantas trabas emocionales y excusas para no usar la creatividad y exponerte a hacer cosas diferentes.

El GRAN PORQUÉ

El punto de usar la creatividad en el ministerio no es ser creativos, sino eficaces y fieles y lograr lo que Dios puso en nuestras manos para lograr. Yo me resisto a esa idea antibíblica de que si es espiritual es aburrido y si es aburrido es porque es espiritual. ¿Por qué espiritual no puede ser emocionante? Lo emocionante es divertido. Atrapa y seduce y para eso usamos la creatividad. Nuestras actividades deben dejar en claro que no hay nada más emocionante que estar en la voluntad del Dios que nos escogió para una vida abundante (Juan 10:10) que sea catalizadora de su gracia (Efesios 2:10).

De manera aislada, casi todas estas ideas te pueden hacer creer que tu tarea es hacer algo espectacular para que tu público crea que eres espectacular. Pero sería un despropósito que el punto sea ese. El objetivo de cada idea está anclado en la pedagogía porque, aunque este libro en particular tiene ideas para conseguir los fondos necesarios, el propósito final es que tu ministerio cumpla con su misión.

DE LAS IDEAS A LA ACCIÓN

Quienes trabajamos en este libro no conocemos a tu público como tú, lo cual quiere decir que todo lo que leas demanda una adaptación y también un plan de ejecución. En muchas ocasiones el "timing" (o dicho en español, encontrar el tiempo oportuno) define el resultado de una idea más que la idea en sí misma. Lo que sabes de tu público determina si una idea es realizable o no con ellos, aunque igual, a veces te puedes sorprender.

Las ideas no tienen pies, manos u ojos, pero tú sí, así que no es que las ideas funcionan o no, sino que nosotros debemos trabajar para que las ideas lleguen a la acción. Planea con anticipación. Creatividad no es sinónimo de espontaneidad. Si la idea requiere materiales, lo primero es conseguir los materiales. Si la idea demanda cómplices, prepara a los cómplices lo mejor posible de antemano. Calendariza las ideas porque si esperas a la situación ideal para realizarlas, es posible que nunca vayan a suceder. Eso no quiere decir que no busques el tiempo oportuno como ya dijimos, pero oportuno no es sinónimo de perfecto.

LO VERDADERAMENTE SAGRADO

Por último, te recuerdo que prácticamente ninguna de las actividades que hacemos en el ministerio son sagradas. Lo sagrado es la Palabra de Dios y las personas a las cuales servimos. Los horarios, comportamientos y costumbres son detalles de los usos de cada contexto. Ni siquiera el templo es sagrado porque Dios no habita ahí (Hechos 17:24). Ni el horario de la reunión, la manera de sentarse, o el orden de actividades está en la Biblia lo cual quiere decir que Dios te dio libertad creativa para implementar distintas ideas de cara a la misión de hacer discípulos (Mateo 28.18). Claro que debemos ser sensibles a lo que nuestra comunidad interpreta de cada costumbre (Romanos 14:1-2) y que siempre debemos estar seguros de no ser cómplices de rebeldía barata o bajar los estándares de moralidad, pero con sentido común, en todo se puede innovar para ser cada vez más fieles a la tarea que Dios puso en nuestras manos.

¡Ánimo en Jesús!

Dr. Lucas Leys
Autor. Fundador de e625.com

CONTENIDO

TU LISTA DE IDEAS

IDEAS

para **eventos Deportivos**

Con un evento deportivo bien planeado tu grupo puede sentir la emoción de la victoria y la agonía de la derrota, y en la mayoría de los casos no se necesita tener un talento especial para divertirse con estas ideas; sin embargo, si lo que buscas son juegos que forman parte de un evento temático mayor pero no necesariamente de tipo deportivo, puedes ver también el capítulo EVENTOS TEMÁTICOS.

1. GUERRA DE COLORES

Este es un evento especial que suele tener mucho éxito y puede convocar a un gran número de chicos.

Diles a todos que se reúnan en un estacionamiento o un campo de juego y proporciónales pistolas de agua o "bombitas de agua" (son como pequeños globos). Previamente debes haber mezclado el agua con colorante para comidas, de manera que cuando un participante moje a alguien también lo pintará de color.

La guerra puede organizarse de diferentes modos, pero a menudo lo más divertido es que todos tengan libre acceso a una cantidad ilimitada de bombas o pistolas. Al finalizar, aquel que esté menos pintado de colores será el ganador.

Para llenar las "bombitas de agua", pon primero un poco de colorante dentro del globo (puedes hacerlo con un gotero o una jeringa sin la aguja), y después agrega el agua. Luego de la guerra, lleva a todos tus chicos a comer hamburguesas o pizza a algún lugar cercano. ¡La gente no va a poder creer lo que verán sus ojos!

2. CARRERA DE BARCOS

Aquí tienes una buena idea para una competencia entre habitaciones o equipos en un campamento que te toque organizar. A cada equipo se le entregan bastantes cartones de leche vacíos y un rollo de cinta adhesiva, y se les explica que deben construir un barco  solamente con esos elementos y que para ello disponen de toda una semana para diseñarlo y construirlo. Al final de la semana se realizará la competencia, en la cual los equipos primero mostrarán sus diseños terminados a los jueces, y luego los harán correr una carrera (en una piscina de natación o en algún arroyo cercano). Se otorgarán puntos por:

- Cantidad de cartones utilizados (a menos cartones, mayor puntaje)
- Originalidad
- Peso extra que puede soportar el barco sobre el agua sin volcarse ni hundirse
- Ganar la carrera

3. MARATÓN OLÍMPICA

Divide a tu grupo en equipos. Deberás crear una hoja de ruta de la maratón y darle una copia a cada equipo, la cual tendrán que completar con los nombres de sus miembros. Luego el líder de cada grupo les leerá la ruta completa a todos antes de comenzar la carrera y también les explicará las reglas.

La maratón es simplemente una carrera de relevos muy complicada, la cual cada equipo debe completar paso a paso siguiendo las instrucciones de la hoja de ruta. Se utilizará una banana como testigo (ese palo que se pasan los corredores en las carreras de relevos reales), la cual irá pasando de jugador a jugador. Los jugadores que ya cumplieron su parte estarán siempre junto al jugador que está en acción, alentándolo. El ejemplo que se presenta aquí fue utilizado en un gran edificio de iglesia, pero esta idea puede ser usada en cualquier parte, como en un campamento, un parque, etc., para lo cual deberás adaptar las postas al lugar en el que decidas hacer el juego.

Dale a cada equipo una copia de las siguientes instrucciones:

- Antes de comenzar, completen los espacios en blanco con los nombres de los miembros de su equipo, y lean en voz alta toda la hoja de ruta para que todo el equipo la conozca.

- La banana debe acompañar al participante en todo momento. Debe ser entregada en la mano a la persona que está a cargo de la siguiente etapa.

- Dentro del edificio solo estará permitido caminar rápido (no correr). Cualquier equipo que corra deberá comenzar la competencia de nuevo.

- Todos deben ocupar sus puestos antes de comenzar.

Algunos de los ejemplos para los relevos pueden ser:

- Caminar veinte metros hacia atrás calzados con ojotas o sandalias

- Pasar por un laberinto pero con los ojos vendados, donde solo pueden guiarse por la voz de sus compañeros (en este laberinto deberán pasar por debajo de algún objeto, saltarán por sobre otros al ras del piso, y todo lo que se te ocurra para que puedan desorientarse un poco)

- Llegar a la siguiente posta con los pies atados; ¡solo se puede saltar!

- Recorrer unos diez metros rodando sobre su cuerpo

- Una parte del recorrido podría implicar que se lleve en andas al concursante entre otros tres compañeros pero sin tocar el suelo. A su vez, todos deben sostenerlo (es decir, no vale que uno solo lo alce o lo cargue sobre sus hombros).

4. OLIMPÍADAS DE VIDEOJUEGOS

Ahora que tantas personas juegan este tipo de juegos, ¿por qué no ofrecerle a tu grupo una noche de competencias y diversión? Prepara una habitación llena de juegos de video o computadora (o varias habitaciones con unos pocos juegos en cada una) y organiza competencias individuales o por equipos.

Ten impresas de antemano algunas hojas para anotar los puntajes con el nombre de cada juego y espacios para los nombres de los concursantes y los puntos obtenidos (y haz que todos tengan la oportunidad de ir turnándose para jugar por tiempos iguales en cada juego). Esto también puede organizarse en uno de esos lugares con máquinas de videojuegos si consigues permiso para que por una noche esté abierto solo para tu grupo de jóvenes, y si puedes obtener un descuento especial por todas las fichas de juego que vayas a comprar.

Promociona bien el evento, sirve refrescos y ten premios para los puntajes más altos, los más bajos, etc. También puedes tener escritos de antemano algunos puntajes secretos y guardados en sobres cerrados para entregarlos como premio a aquellos que más se hayan acercado a esos puntajes.

5. MARATÓN OLÍMPICA - INSTRUCCIONES

- Antes de comenzar, completen los espacios en blanco con los nombres de los miembros de su equipo y lean en voz alta toda la hoja de ruta para que todo el equipo la conozca.

- La banana debe acompañar al participante en todo momento. Debe ser entregada en mano a la persona que está a cargo de la siguiente etapa.

- Dentro del edificio solo estará permitido caminar rápido (no correr). Cualquier equipo que corra deberá comenzar la competencia de nuevo.

- Todos deben ocupar sus puestos antes de comenzar.

- Si hay más chicos en el equipo que espacios vacíos, entonces los restantes serán los que guiarán al jugador que estará con los ojos vendados en el paso 7.

¡No comiencen la carrera hasta que hayan recibido su banana!

1. _____ comienza detrás de la barra de metal ubicada en la puerta de la iglesia, en el punto de salida (en la vereda). Se dirige en triciclo hasta el

punto marcado con una
bandera roja y entrega la
banana.

2. _____ camina sobre
zancos hasta el salón
principal, y luego corre
por las escaleras hasta
llegar arriba.

3. _____ comienza a
bajar las escaleras sentado, de a un escalón por vez,
hasta llegar al sótano. Al llegar, recoge un fósforo
con la nariz, luego salta sobre su pie izquierdo hasta
pasar la primera puerta a su derecha y llega hasta
donde lo espera su compañero. Pasa el fósforo de
su nariz a la nariz de su compañero, y también le
entrega la banana.

4. _____, quien acaba de recibir el fósforo en su nariz,
dice fuerte y claro:
"María Chuzena su choza techaba,
y un techador que por allí pasaba
le dijo: «María Chuzena,
¿tú techas tu choza o techas la ajena?».
«Ni techo mi choza ni techo la ajena,
yo techo la choza de María Chuzena»".
Luego sube las escaleras hasta llegar al primer piso,
do de encuentra a los siguientes participantes.

5. _____ y _____ toman la banana y van
haciendo carretilla hasta la puerta del salón.

6. _____ entra al salón, toma la escoba como si
fuera a barrer, pero en lugar de eso da 20 vueltas
alrededor de ella. Luego, la acuesta en el suelo y

salta por encima de ella una vez, y pasa la banana al siguiente jugador.

7. _____ da instrucciones verbales a los jugadores que tendrán los ojos vendados, para que atraviesen una serie de obstáculos hasta llegar al salón siguiente.

8. _____ corre hasta la pizarra o pizarrón de ese salón, dibuja un elefante y firma con su nombre.

9. _____ estará esperando junto a las escaleras en la planta baja. Al recibir la banana se comerá medio sándwich de jamón y queso (que será provisto por la organización del evento), pero no podrá ayudarse a tragar con ningún líquido.

10. _____ estará esperando en la puerta, cruzará la calle (no podrá cruzarla si hay algún auto a menos de 80 metros) y luego deberá encestar 5 veces la pelota en un aro designado para esto, y luego cruzar de vuelta la calle con la misma precaución.

11. _____ estará esperando en la puerta de la iglesia. Se dirigirá hasta la oficina del líder de jóvenes y envuelve a _____ con un rollo entero de papel higiénico. El jugador envuelto en papel debe dirigirse hasta el salón central, en donde sus compañeros de equipo le quitarán el papel y lo colocarán en el cesto de la basura.

12. _____ corre hasta el pie de las escaleras, toma el bolso que hay allí, y al llegar al primer descanso de las escaleras lo abre y se coloca sobre su propia ropa la ropa vieja que encontrará dentro. Llevando el bolso, corre hacia otro punto de la posta y luego

regresa hasta la puerta principal de la iglesia. Entra, se quita la ropa, y la coloca nuevamente dentro del bolso.

13. _____ toma la banana, sale de la iglesia y se dirige hasta la máquina expendedora de refrescos al tiempo que va explotando globos (ya sea con las manos o sentándose encima).

14. _____ compra un refresco (¡debe llevar monedas!) y se lo bebe todo. Corre hasta el punto marcado en el césped, donde concluirá la carrera.

15. _____, _____, _____, _____, _____ y _____ formarán una pirámide humana. La persona que está arriba de todo debe pelar la banana y comérsela sin caerse.

6. FIESTA ACUÁTICA

Esta es una gran idea para organizar un evento creativo en una piscina.

Divide al grupo en equipos. Marca diez puntos de partida alrededor de la piscina, numerándolos del 1 al 10 con números bien visibles. En cada estación habrá un miembro de cada equipo.

Cuando sea el turno de un miembro, este deberá usar un gorro de natación (o algún otro sombrero bien visible y que no se caiga) durante todo el tiempo que le toque participar. Luego, deberá pasarle ese sombrero al siguiente miembro de su equipo antes de que este pueda participar del evento.

Algunas ideas de lo que pueden hacer los competidores (tomando turnos por equipo y ganando aquel que lo haga en el menor tiempo posible) son:

- Cruzar la piscina nadando mientras lleva un huevo haciendo equilibrio sobre una cuchara. Si el huevo se cae, el nadador deberá buscarlo y continuar. El equipo que lo haga en el menor tiempo gana, y podrán adicionarse segundos por penalidades como sostener el huevo con la mano u otras infracciones.

- Bucear hasta el fondo de la piscina y buscar un ladrillo.

- Cruzar la piscina colgando con las manos de una soga suspendida sobre el agua.

- Cruzar a nado la piscina con un globo o una pelota de playa atados a un tobillo.

- Cruzar a nado la piscina de a dos, con el tobillo de uno atado al tobillo del otro.

- Sentarse sobre un neumático de automóvil y remar con las manos, marcha atrás, hasta el otro lado de la piscina.

- Sumergirse y nadar por debajo del agua hasta el otro lado de la piscina (hagan esto en el lado corto).

- Sumergir al líder de jóvenes en la piscina. Puedes preparar algún mecanismo para esto, o algún blanco al cual los participantes deban intentar darle con una pelota para que el líder caiga al agua. También pueden hacer que el líder de jóvenes camine lentamente hacia atrás por el trampolín.

- Vestirse con un par de pantalones grandes, ajustarse el cinturón y ponerse también una camiseta de mangas largas. El participante luego tiene que cruzar la piscina llevando una pelota de playa (entre otras cosas, para poder flotar). Al llegar al otro lado debe embocar la pelota dentro de una red o un barril. Cuando la pelota entra, se detiene el cronómetro.

7. OLIMPÍADAS CON CARRETILLAS

Divide a tus chicos en equipos de 8 a 10 participantes. Cada equipo debe tener una carretilla. Intenta conseguir carretillas que sean de tamaños y pesos  similares entre sí, y que parezcan fuertes y resistentes.

Para obtener mejores resultados, este evento debería llevarse a cabo en un campo o parque con una gran extensión de césped.

Pueden organizarse las siguientes competencias:

- *Carrera de relevos.* Los equipos se forman en fila y sus miembros se colocan en parejas. Una persona se subirá a la carretilla y la otra empujará. A la señal de inicio de la carrera, corren así hasta una marca ubicada a unos 10 metros de distancia e intercambian posiciones para regresar (el que empujaba sube a la carretilla, y el otro baja y empuja). Luego, los siguientes dos miembros del equipo hacen lo mismo, y así sucesivamente. Si se vuelca la carretilla, esa pareja debe comenzar de nuevo su recorrido. Si los equipos son de pocas personas, háganlo de esta manera: los participantes 1 y 2 corren ida y vuelta, con el participante 1 empujando y el 2 dentro de la carretilla; luego, el jugador 3 se mete dentro de la carretilla y es empujado por el jugador 2; después, el jugador 4 se mete dentro de la carretilla y es empujado por el jugador 3, y así sucesivamente.

- *Carrera de relevos con neumáticos.* Se trata de una carrera similar a la anterior, con la diferencia de que en el punto de partida hay un neumático y los jugadores deben pasar por dentro del neumático antes de poder regresar con sus equipos y que la siguiente pareja salga a correr.

- *Carrera de relevos con tres participantes.* Tres miembros de cada equipo con una carretilla compiten por vez; una persona va dentro, y las otras dos empujan, cada una sosteniendo una de las manijas de la carretilla. Para más diversión, el que va dentro debe ir de pie en lugar de ir sentado, y no se le permite agacharse ni tocar la carretilla con las manos.

- *Carretilla con las manos.* Esta es la típica carrera de relevos con carretillas... pero sin carretillas. Compiten dos miembros de cada equipo por vez: mientras uno de ellos apoyará sus manos en el suelo, el otro lo tomará de las piernas mientras avanzan caminando, el primero con las manos, y su compañero con los pies... ¡como si el primero fuera una carretilla! Deben llegar hasta una marca y regresar (pueden intercambiar posiciones para el regreso).

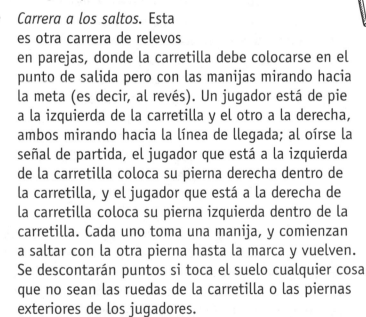

- *Carrera a los saltos.* Esta es otra carrera de relevos en parejas, donde la carretilla debe colocarse en el punto de salida pero con las manijas mirando hacia la meta (es decir, al revés). Un jugador está de pie a la izquierda de la carretilla y el otro a la derecha, ambos mirando hacia la línea de llegada; al oírse la señal de partida, el jugador que está a la izquierda de la carretilla coloca su pierna derecha dentro de la carretilla, y el jugador que está a la derecha de la carretilla coloca su pierna izquierda dentro de la carretilla. Cada uno toma una manija, y comienzan a saltar con la otra pierna hasta la marca y vuelven. Se descontarán puntos si toca el suelo cualquier cosa que no sean las ruedas de la carretilla o las piernas exteriores de los jugadores.

8. OLIMPÍADAS CAMPESTRES

Tanto los chicos de la ciudad como los del campo disfrutarán este día de actividades centradas en la temática campestre. Agrega tus propias ideas a esta serie de juegos con un toque rústico:

- *Lanzamiento de heno.* Desarma un fardo de heno y entrega un manojo a cada participante. El ganador de la competencia será aquel que logre arrojar un trozo de heno lo más lejos posible (existe una forma de arrojar heno de modo que llegue más lejos de lo que crees que puede llegar; ¡experimenten!).

- *Huevos revueltos.* Consigue dos docenas de huevos hechos de madera y algunos huevos reales sin cocer. Empleando heno y alambre o cinta adhesiva, fabrica algo que parezca el cerco de un gallinero, con recovecos y ranuras en donde esconder los huevos (debería tener unos 18 metros de un extremo a otro). Divide al grupo en dos o más equipos, y cuando sea el turno de un equipo de entrar al gallinero, la mitad del equipo buscará en un lado del cerco y la otra mitad buscará en el otro. Cuando un jugador encuentra un huevo, debe arrojárselo por encima del cerco a sus compañeros que están del otro lado, y ellos deben atraparlo. Si no lo atrapan, deben arrojarlo nuevamente por sobre el cerco a sus compañeros que están del otro lado, y así hasta que tengan éxito. El equipo que logre recoger, arrojar y atrapar todos sus huevos en el menor tiempo posible será el ganador. La gracia, por supuesto, está en esos pocos huevos reales que trajiste. Ten toallas de papel a mano para limpiar el inevitable desastre...

- *Carrera de gallinas.* Divide a tu grupo en dos equipos y hazlos formarse en dos filas, con una pila de bloques al comienzo de cada fila (un bloque por persona). Al darse la señal de inicio, el primer jugador de cada fila debe tomar un bloque con su boca, llevarlo a lo largo de un recorrido hasta el nido que has preparado para cada equipo y regresar a toda carrera para tocar a su compañero, quien hará lo mismo, y así sucesivamente hasta que ya no queden más bloques por trasladar (es decir, hasta que el nido está lleno de "huevitos"). El jugador que lleva el último bloque debe sentarse sobre el nido, y todo el equipo junto debe ponerse a cacarear. El primer equipo en cacarear es el ganador de la competencia.

- *Carrera de animales de granja.* Divide al grupo en varios equipos. Marca en el suelo una línea de salida y unos metros más adelante  una línea de llegada. Cada jugador deberá realizar las acciones que se detallan a continuación en la secuencia indicada. Un jugador podrá comenzar cuando su compañero haya terminado de realizar todas las acciones y cruzado la línea de llegada:

Perro: dar una vuelta sobre su espalda y ladrar.

Gallo: ponerse de pie, doblar y agitar los brazos como si fueran alas y cacarear.

Cerdo: acostarse sobre su espalda, moverse como revolcándose en el lodo, y gritar: "Oink, oink".

Vaca: ponerse en cuatro patas y mugir fuerte.

Caballo: galopar hasta la línea de llegada mientras hace ruido como de caballo.

- *Comida de animales.* Para esta competencia (que funciona mejor en exteriores) se necesita un gran recipiente (que se parezca lo más posible a un comedero de animales), varias cajas de avena, colorante para alimentos color marrón, vasos de plástico de tamaño grande, muchas bananas y un balde o cubeta de 15 litros para cada equipo. Mezcla en el comedero la avena con agua, las bananas pisadas y el colorante para alimentos. Coloca este comedero cerca de la línea de salida, y las cubetas a unos 90 metros de distancia.

Divide al grupo en equipos y entrega un vaso de plástico a cada uno de los participantes. Cuando se da la señal de inicio del juego, los participantes corren hasta el comedero, llenan sus vasos e intentan llegar corriendo lo más rápido posible hasta la cubeta que le corresponda a su equipo para volcar allí la "comida". El equipo que llena primero su cubeta será el ganador.

Para garantizar que se produzca un divertido desastre, asegúrate de que la "comida" esté bastante aguada y de hacer los comentarios de campo apropiados acerca del olor, color, textura, etc. de la mezcla.

- *Lanzamiento de estiércol*. Se dice que en ciertos lugares la gente juega con estiércol seco de vaca como si fuera un *frisbee*, pero aquí puedes tomar un *frisbee* de verdad y decorarlo para que parezca popó de vaca. Los participantes competirán para ver quién puede arrojar el *frisbee* más lejos (si no son muchos, puedes darle tres oportunidades a cada uno.)

- *Lanzamiento de mazorcas*. Debes conseguir una caja bien grande (como de refrigerador o de lavadora de ropa), recortarle el frente y pintarla de marrón para que parezca una letrina de las de antaño (de esas que eran como una pequeña caseta alejada de la casa principal). Para esta competencia se coloca una silla dentro de la caja, mirando hacia la puerta; a cada participante se le entregan seis mazorcas de maíz, y lo que debe hacer es sentarse en la silla y arrojar las mazorcas hacia atrás, por encima de su cabeza, intentando embocarlas dentro del blanco que será otra caja. La persona que más aciertos consiga será la ganadora.

- *100 metros llanos.* Una de las destrezas más codiciadas en las granjas es la habilidad de correr por todo el granjero sin pisar nada (no sé si comprendes a qué nos referimos con "pisar nada", ¡ja!). Coloca sobre el suelo algunos neumáticos de manera un tanto irregular, e indícales a los participantes que deben correr esta carrera tan rápido como puedan, pero colocando un pie dentro de cada neumático. El primero que llegue a la meta sin saltarse ningún neumático será el ganador. Una cosa que quizás olvidaste decirles a los participantes es que hay un charco de lodo dentro de uno de los neumáticos...

9. FRISBEES POR TODAS PARTES

Para este evento especial todo lo que necesitarás es un gran espacio abierto y algunos *frisbees*. Divide al grupo en varios equipos para que compitan en los siguientes juegos:

- *Lanzamiento a distancia.* Haz que los equipos se formen

en filas detrás de una línea, y cada jugador tendrá la oportunidad de lanzar tres veces para intentar lograr la mayor distancia posible. Luego, un juez marca en el suelo cuál fue su mejor lanzamiento y se mide la distancia. El jugador recoge los *frisbees* y se los entrega al siguiente participante. Gana puntos el jugador con la mejor marca individual y el equipo con la mejor marca combinada (la suma de todas las marcas de sus integrantes).

- *Lanzamiento de precisión.* Los equipos permanecen formados en sus filas detrás de la línea y se colocará un neumático en forma vertical a unos 10 metros de distancia de cada equipo. Uno a uno, los miembros de cada equipo intentarán hacer pasar el *frisbee* por dentro del neumático. Cada uno recoge el *frisbee* que arrojó y se lo entrega al siguiente participante en la fila. Los lanzamientos exitosos ganan puntos, o si ves que les resulta muy difícil, puedes hacer que continúen lanzando el *frisbee* hasta que alguien logre hacerlo pasar por dentro del neumático, y el primer equipo que lo logre será el ganador.

- *Lanzamiento combinado entre equipos.* Haz que los dos equipos se formen uno frente al otro, con sus miembros mirándose entre sí y separados por una distancia de unos 5 metros. El primer jugador del equipo 1 le arroja el *frisbee* al primer jugador del equipo 2, quien se lo arroja al segundo jugador del equipo 1, que a su vez de lo arroja al segundo jugador del equipo 2, y así sucesivamente. El equipo del que lanza obtiene un punto si el jugador que debe atrapar el *frisbee* no lo hace, y el equipo de quien atrapa obtiene un punto si el lanzador arroja el *frisbee* fuera del alcance de este jugador, quien debe mantener sus pies quietos en el lugar en todo momento. Debería haber un juez neutral para este juego. Pueden jugar hasta alcanzar un puntaje determinado o hasta que todo el mundo haya tenido la oportunidad de arrojar y recibir el *frisbee* unas cuatro o cinco veces.

- *Piernas locas.* Los equipos se forman en filas detrás de la línea de partida, la cual se encuentra a unos 5 metros de la línea de llegada. Cada equipo tiene un *frisbee*, y el primer jugador se lo colocará entre las rodillas y correrá (o saltará) hasta la meta. Desde allí, arrojará el *frisbee* al siguiente participante de su equipo. Si este no logra atraparlo, el lanzador deberá volver atrás y comenzar todo de nuevo. El primer equipo con todos sus miembros al otro lado de la línea de llegada será el ganador.

- *Transportando agua.* Los equipos se forman en filas detrás de una línea de partida. Cada equipo tiene un *frisbee* (que debe ser del mismo tamaño para todos los equipos), un gran recipiente con agua junto a la línea de partida, y una jarra u otro recipiente de 1 litro de capacidad colocado a unos 5 metros de esta línea. El objetivo es llevar con el *frisbee* la mayor cantidad posible de agua hasta la jarra en el menor tiempo posible. El equipo que logre llenar la jarra la mayor cantidad de veces en dos minutos será el ganador.
  Si puedes agregar obstáculos como sillas para pasar por encima, o escalones, etc., será mayor la diversión.

- *Todos sobre el frisbee.* Para esta competencia necesitarás un *frisbee* del que puedas prescindir. El objetivo es que la mayor cantidad posible de personas queden con sus pies parcial o totalmente sobre el *frisbee* o con su peso totalmente soportado por personas que tengan sus pies total o parcialmente sobre el *frisbee.*

  Dales dos minutos para practicar, y luego un minuto para armar su "estatua viviente". Transcurrido el minuto, un juez contará a las personas, y el equipo con más personas que hayan cumplido la condición planteada será el ganador.

- *Lanzamiento artístico.* Esto es para los chicos con un talento artístico especial o para aquellos que disfrutan de llamar la atención. Permite que uno o dos participantes de cada equipo hagan una demostración de su mejor lanzamiento artístico de *frisbee* (puede ser por detrás de la espalda, por debajo de una pierna, por encima de la cabeza, con un salto, como un *boomerang* o de cualquier otra forma que sea especial o creativa). Un panel de distinguidos y expertos jueces determinará quiénes son los ganadores.

- *Lanzamiento de precisión.* Empleando una manguera o una cuerda colocada sobre el suelo, dibuja un círculo alrededor de un cesto de residuos o algo por el estilo. Los participantes intentarán embocar dentro del cesto, el cual debe quedar a unos 5 metros de distancia de los bordes del círculo. Todos los competidores lanzan sus *frisbees* al mismo tiempo (si el grupo es pequeño, pueden lanzar uno por uno en lugar de todos juntos.) y aquellos que aciertan al blanco continúan en la competencia (puedes permitir dos intentos por participante para aquellos que fallen la primera vez). El resto queda fuera. Luego el círculo se agranda un metro más hacia cada lado y los participantes que pasaron la ronda anterior tendrán sus dos oportunidades de acertar al blanco. Así se continúa hasta tener un solo ganador.

- *Otro lanzamiento a distancia.* Cada persona compite con aquellos de su misma edad y sexo. Extiende una manguera o una cuerda sobre el suelo para marcar una línea, y todos los competidores de una determinada "categoría" lanzarán simultáneamente desde detrás de esa línea (a menos que el grupo sea muy pequeño y puedan lanzar uno por uno). Un juez determinará cuál fue el *frisbee* que llegó más lejos y, por lo tanto, quién es el ganador.

- *Boomerangs.* Todos pueden participar simultáneamente en esta competencia. Haz que todos los jugadores se paren detrás de una línea, mirando en la dirección desde la que viene el viento. Al oírse la señal, todos arrojan sus *frisbees* al aire a unos 5 metros de distancia y con un ángulo de inclinación tal que los *frisbees* regresen como si fueran *boomerangs.* El lanzador que logre aterrizar más cerca de la línea de partida será el ganador.

- *Frisbee en parejas.* Los participantes deben organizarse en parejas para esta competencia, y se necesitará un solo *frisbee* por cada pareja. Por cada pareja se colocan sobre el suelo dos listones de madera (o dos lápices) en forma paralela y a una distancia de unos 5 metros entre sí, y cada participante de la pareja se coloca detrás de uno de los listones (mirando a su compañero). Los *frisbees* deben estar todos del mismo lado para comenzar. Cuando el juez da la señal, cada participante le arroja el *frisbee* a su compañero, quien debe atraparlo sin cruzar el listón; si no lo logran, la pareja abandona el juego, y si lo logran, continúan en la competencia. Los listones se mueven un metro hacia atrás luego de cada lanzamiento.

- *Lanzamiento doble.* Esta competencia es un poco más difícil que las anteriores. También en parejas, ahora debe haber un *frisbee* por persona. Nuevamente deben marcarse dos líneas paralelas, pero esta vez a una distancia de unos 3 metros, y las reglas son las mismas que para el *frisbee* en parejas, excepto que todos arrojan sus *frisbees* al mismo tiempo y cada uno debe atajar el que le arrojó su compañero. Haz énfasis en que todos los *frisbees* deben ser lanzados simultáneamente cuando se oye la señal del juez.

- *Distancias combinadas.* Un participante de cada pareja se coloca detrás de la línea de partida y arroja su *frisbee* tan lejos como le resulte posible. Luego, su compañero debe pararse exactamente donde aterrizó el *frisbee*, y cuando el juez da la señal, estos segundos participantes de cada pareja arrojan los *frisbees* nuevamente tan lejos como les sea posible. La pareja que logre la mayor distancia combinada será la ganadora.

- *Variante de la mano opuesta.* En los eventos listados anteriormente, los zurdos lanzarán con la mano derecha y los diestros con la mano izquierda.

10. ALMOHADAS MULTIUSO

Divide al grupo en equipos y permite que cada equipo escoja su propio nombre. Chequea que cada participante tenga una almohada.

Nombra a alguien (tal vez otro líder) para que sea el encargado de anotar los nombres de los equipos en una pizarra o papel grande, y de ir registrando los puntajes. Pídeles a los participantes que se quiten sus anteojos antes de comenzar, ya que las cosas pueden volverse un tanto violentas. Luego, comiencen con las competencias:

- *¡Usa la cabeza!* Se trata de una carrera de relevos en la que cada participante, a su turno, debe correr hasta una silla colocada a cierta distancia, dar una vuelta alrededor y regresar para que pueda comenzar su compañero, pero todo manteniendo la almohada en equilibrio sobre la cabeza (y sin sostenerla con las manos).

- *Carrera de patos.* Los corredores deben sostener la almohada entre sus rodillas (sin ayudarse con las manos).

- *Carrera de orugas.* Esta vez participa todo el equipo junto, formando una gran oruga que resulta de colocar una almohada entre cada jugador y el siguiente de la fila. No pueden tocar las almohadas con la mano, pero sí pueden agarrarse de sus compañeros para que las almohadas no se caigan. Coloca varias sillas en el camino para que la oruga tenga que ondularse hacia un lado y hacia el otro a medida que avanza. Intenta que las orugas no sean demasiado largas para evitar un *efecto dominó* por si alguien llegara a caerse.

- *Combate de titanes.* Haz que cada equipo elija un Goliat. Coloca una soga o cuerda en el suelo dibujando un círculo, donde cada Goliat competirá contra otro Goliat, ambos con los ojos vendados y cada uno con una almohada por arma. El objetivo será hacer que el contrincante se salga del círculo, pero pueden tocarse únicamente con las almohadas.

- *¡Tocado!* El grupo se divide en dos equipos, se marca una línea en el suelo y cada equipo se ubica a un lado de esta línea. Luego los jugadores arrojan las almohadas contra sus oponentes, y cualquiera que es tocado por una almohada enemiga (incluso si atrapa la almohada) queda fuera del juego. Excepción: a cada lado de la línea hay un trozo de papel; cualquiera que esté parado sobre el papel cuando atrapa una almohada enemiga consigue que el que la arrojó quede eliminado. No está permitido pararse sobre el papel durante más de tres segundos por vez. El juego termina cuando uno de los equipos ha perdido a todos sus jugadores.

- *Flamencos contra flamencos.* Esta es la clásica pelea de almohadas de todos contra todos, con la variante de que todos deben estar parados sobre un solo pie. Si un jugador toca el suelo con el otro pie, queda eliminado.

- *Hockey con almohadas.* Se juega como el hockey común, solo que la pelota es una de esas pelotas inflables que los niños utilizan habitualmente para sus juegos, y que en lugar de palos de hockey se utilizan las almohadas.

- *Tiro al blanco.* Coloca un blanco sobre una mesa y haz que los chicos se formen en fila a unos 5 metros de distancia para intentar voltearlo empleando sus almohadas como proyectiles.

- *Carrera de obstáculos.* Prepara un recorrido con obstáculos sencillos. Los chicos deberán correr en parejas, al tiempo que sostienen una almohada entre sus cabezas y sin ayudarse con las manos.

- *Sombreros voladores.* Cada jugador se fabrica un sombrero con papel de periódico. El objetivo es quitarles el sombrero a los otros jugadores mientras intenta que su sombrero quede sobre su propia cabeza. El jugador que pierde su sombrero queda fuera del juego, y no está permitido sostener el sombrero con la mano.

- *El gran final.* Limita esta batalla final de todos contra todos a unos saludables tres minutos de duración.

11. CARTA PRECAMPAMENTO DE LOS PADRES

Aproximadamente una semana antes de que los adolescentes de tu iglesia se vayan al campamento de verano, sugiéreles a sus padres que les escriban una carta a sus hijos, la cual leerán cuando lleguen al campamento.

Las cartas deben incluir palabras de los padres a los hijos que expresen afirmación, aprecio y estímulo, cómo los padres ven el compromiso cristiano de sus hijos, la importancia de ese hijo o hija en el seno de familia, cuánto van a extrañarlo los días que no esté con ellos y muchas posibilidades más.

Algunos padres necesitarán algunas sugerencias (y quizás hasta un bosquejo) para comenzar a escribir, así que proporciónales algunos ejemplos de cartas de afirmación que hayas escrito o que te hayan enviado a ti (y que no tengas problemas en compartir), así como también cualquier asesoramiento o aliento que necesiten para escribirles a sus hijos. El objetivo principal es que los padres expresen su amor con palabras.

Una vez en el campamento, entrégales las cartas a los jóvenes, y permíteles que tengan alrededor de media hora de privacidad y tranquilidad. Para muchos de ellos, estas cartas pueden ser un momento poco común de afirmación de parte de sus padres.

IDEAS

para eventos de búsquedas

¿Qué mejor modo de preparar a tus chicos para las duras realidades de la vida que hacerlos pedir, suplicar o luchar a fin de conseguir llenar una bolsa con artículos que en realidad no sirven absolutamente para nada? Las reglas para estos juegos de búsquedas son simples; las variantes, infinitas.

12. BÚSQUEDA DE LA Z

Cada uno de los cinco o seis equipos en que debes dividir a tu grupo necesitará un auto y un conductor responsable y con licencia, y determina de antemano a qué hora deberán regresar al punto de partida. El objetivo es traer algún tipo de evidencia o prueba de cada una de las 27 tiendas, negocios o restaurantes que visiten... ¡una tienda por cada letra del abecedario! Por ejemplo: el "Almacén de Juan", la "Boutique del calzado", el "Café del estudiante", etc. Una variante del juego podría ser que visiten los negocios en orden según la letra con que comienza su nombre.

Cada letra tendrá un puntaje diferente, y se les informará a los equipos de estos puntajes antes de partir. A las letras como K y W deben asignárseles un puntaje mayor que a las letras más comunes como A y T, ya que pueden ser más difíciles de conseguir.

Las evidencias o pruebas de haber visitado las distintas tiendas pueden ser, por ejemplo, una tarjeta comercial, un folleto que contenga el nombre del negocio, algún tipo de publicidad o elemento comercial, o cualquier cosa por el estilo. Al regresar al punto de encuentro se calculan los puntajes de cada equipo y se anuncia el ganador. Debes descontarles un punto por cada minuto que se retrasen de la hora prefijada.

13. VEINTE AÑOS NO SON NADA... ¡Y TREINTA TAMPOCO!

Divide al grupo en equipos y entrega a cada equipo una lista de años, comenzando en el presente y yendo hacia atrás unos treinta años (2023, 2022, 2021...). Los chicos deberán buscar objetos (monedas, licencias de conducir, libros con la página del *copyright* bien legible, premios, títulos o certificados de estudios, etc.) que contengan cada una de esas fechas, escritas en ellos de manera permanente e inmodificable. Puedes especificar que solo se permitirá cubrir una fecha por ítem, o que un mismo tipo de objeto puede ser utilizado solo una vez por cada equipo; en otras palabras, si un equipo trae un libro con la fecha 1974 impresa en el *copyright,* entonces no pueden traer ningún otro libro para otra fecha, ni usar ese libro para ninguna otra fecha de la lista. Esto los forzará a ser un poco más creativos y a no traer veinte licencias de conductor (¡las de toda la familia!) con distintas fechas escritas en cada una de ellas.

Establece un límite de tiempo. El equipo que regrese con la mayor cantidad de objetos que cumplan las condiciones dadas será el ganador.

14. EN BUSCA DE ACCIONES

Cada equipo recibe una copia de la lista que aparece más abajo y va de casa en casa buscando lo que necesita. En cada casa tendrán que solicitarle a la persona que los reciba en la puerta que realice una de las acciones que figuran en la lista (no necesariamente en orden). Si la persona accede y realiza la acción correctamente, pueden tachar ese ítem y continuar con otra casa. Tal vez sea una buena idea que un juez acompañe a cada equipo para verificar que no se haga trampa. El equipo que haya logrado tachar la mayor cantidad de ítems de su lista al terminarse el tiempo establecido, o el primer equipo que logre tachar toda la lista, será el ganador. Solamente se podrá pedir que realicen una acción de la lista en cada casa, y para aumentar la diversión, puedes pedirles que lleven cámaras de video y graben todo para poder verlo más tarde.

EN BUSCA DE ACCIONES

1. Cante la primera estrofa del himno nacional.

2. Haga 10 abdominales o sentadillas.

3. Recite Juan 3:16.

4. Nombre cinco películas que estén actualmente en la cartelera de los cines.

5. Toque algún instrumento que tenga en su casa.

6. Corra en círculo dos veces por toda la habitación.

7. Encienda su automóvil y toque la bocina.

8. Tómenos una fotografía.

9. Silbe el *Cumpleaños feliz*.

10. Recite la tabla del 7.

11. Denos un recorrido guiado por su patio o jardín trasero.

12. Firme un autógrafo en la planta de uno de nuestros pies.

13. Repita tres veces un trabalenguas que se sepa.

14. Eructe.

15. Póngase de cabeza y permanezca así por 20 segundos.

15. BÚSQUEDA DEL TESORO DEL PIRATA BARBANEGRA

Entrégale a cada equipo una copia de la lista de elementos piratas que aparece más adelante. Como en cualquier búsqueda, establece claramente los límites de hasta dónde se puede ir y el horario límite para regresar. Luego déjalos libres, para abordar y "saquear" diversos hogares hasta encontrar la mayor cantidad posible de elementos de la lista.

Tus jóvenes piratas pueden aprovechar la ocasión para dejar en las casas que visiten algunas publicidades, folletos o boletines que informen sobre los próximos eventos de la iglesia, los horarios regulares de reunión, etc. Para hacerlo más exclusivo, diseña un volante especial para ser distribuido en esta ocasión y que lleve el título de *Mapa para encontrar el tesoro*. Puede ser cualquier cosa, desde indicaciones sobre cómo llegar a tu iglesia o a algún evento especial hasta un mensaje evangelístico.

Cuando tus chicos regresen con el botín, vuelca dentro de un gran recipiente todas las bebidas que hayan recolectado, ¡y listo! ¡Tienes una bebida de piratas! Con un poco de suerte, tendrá un sabor sorprendentemente agradable.  ¡Pueden acompañarla con los bocadillos sustraídos y disfrutar todos juntos de una divertida fiesta pirata!

BÚSQUEDA DEL TESORO DEL PIRATA BARBANEGRA

- Pan y agua

- El dibujo de un pirata

- Un loro (de verdad o artificial)

- Un pañuelo para la cabeza

- Una caracola marina

- Un mensaje dentro de una botella

- Una bala de cañón (cualquier pelota que traigan estará bien)

- Un recipiente con arena de playa

- Una moneda de plata

- Un cofre del tesoro (cualquier caja que traigan estará bien)

- Un collar de brillantes o de perlas (auténtico o de fantasía)

- Pescado
- Un gran arete, aro o pendiente de forma circular
- Una espada
- Un botón
- Una naranja o un limón
- Un parche para ojo (real o de juguete)
- El autógrafo de alguien al que le hubiese gustado ser pirata
- Un barco (de juguete o un modelo a escala)
- Una cuerda
- Una bandera
- Una calavera
- Una pistola de juguete
- Cualquier elemento que provenga de un barco
- Una cadena
- Tres cabellos tomados (con su permiso) de la cabeza de alguna inocente doncella
- Un anillo
- Un mapa
- Cualquier cosa que un pirata pudiera poseer y que no esté en esta lista
- Un prisionero o prisionera
- Algunos bocadillos o algo para comer durante un festejo pirata
- Cuatro botellas de cualquier refresco o gaseosa

16. BÚSQUEDA DE OBJETOS BÍBLICOS CON UN TOQUE ACUÁTICO

Avísales a tus chicos la semana anterior que es probable que en esta reunión se mojen un poco. Luego, dedícate a recolectar objetos cotidianos que se mencionan en la Biblia y que tengan algún tipo de simbolismo espiritual. Algunos ejemplos son:

- Un manojo de llaves (las llaves del Reino)

- Una vara de pastor (no es muy frecuente encontrar una en estos días, pero serviría para recordar que todos nosotros nos descarriamos como ovejas, o que "el Señor es mi pastor" o "apacienta mis ovejas")

- Una jarra con agua (la mujer samaritana junto al pozo, los ríos de agua viva, etc.)

- Una moneda

- Una rodaja de pan

Y podrías encontrar otros objetos más. En resumen, cualquier objeto que pueda tener un significado bíblico.

Antes de que lleguen los chicos, esconde cada uno de estos elementos en algún lugar dentro del parque de la iglesia. Llena de agua dos globos pequeños por cada elemento que hayas escondido (y un par más por si acaso alguno se rompe) para tener la oportunidad de arrojar uno o dos tú mismo. Coloca las "bombas de agua" en cubetas y prepara un área con una mesa y sillas para ti y para algún otro líder que oficie contigo de juez. Se mojarán al igual que todos, pero ¿por qué mojarse de pie cuando uno puede mojarse sentado?

Cuando lleguen los jóvenes, explícales que hay muchos objetos en el parque que normalmente no se encontrarían allí. Define con claridad los límites de la búsqueda. Cuando alguien halle uno de los objetos, debe dirigirse hacia donde se encuentran sentados los jueces y entregar el objeto; luego, debe citar alguna parte de las Escrituras que se relacione con ese objeto o algún versículo bíblico en el que se mencione o se haga alusión a él. Si puede hacer esto último sin ayuda, recibe dos "bombas de agua" y es libre de atacar con ellas a los otros participantes o a los líderes. Si necesita ayuda para pensar alguna connotación bíblica para el objeto que encontró, denle pistas hasta que lo logre, pero en ese caso recibirá solo un globo, y el adulto que lo ayudó recibirá el otro.

Después de que los chicos hayan encontrado y entregado a los jueces todos los objetos (¡para esto sería útil que recuerdes cuántos escondiste!), o una vez que la provisión de "bombas de agua" se haya terminado, reúnanse para conversar acerca de cuántas cosas de nuestra vida cotidiana pueden recordarnos las verdades espirituales.

17. BÚSQUEDA RIDÍCULA

En realidad, esta búsqueda no incluye una lista de objetos para recolectar, sino más bien una lista de ridiculeces para hacer. Divide al grupo en equipos de manera que entren en un automóvil (o puedes adaptar el juego para hacerlo de a pie) y entrega a cada equipo una copia de la *Búsqueda ridícula* que encontrarás más abajo. Fija un límite de tiempo y anuncia cuál será el premio para el equipo que logre realizar la mayor cantidad de cosas de la lista. El conductor o cualquier otro adulto puede hacer de juez para asegurarse de que el grupo no haga trampas.

Los puntos de la lista se pueden realizar en cualquier orden.

BÚSQUEDA RIDÍCULA

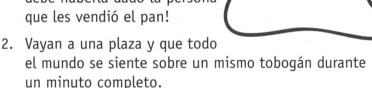

1. Vayan a una panadería y compren un solo pan. Deben traerlo con una mordida faltante, pero... ¡la mordida debe haberla dado la persona que les vendió el pan!

2. Vayan a una plaza y que todo el mundo se siente sobre un mismo tobogán durante un minuto completo.

3. Consigan una "donación" de 30 dulces o golosinas. Deben solicitarlas todas en casas situadas en una sola manzana o grupo de casas, y no pueden tomar más de 5 de cada casa.

4. Que todo el grupo se cuelgue de un mismo árbol durante un minuto completo.

5. Vayan a la casa de alguno de los miembros del equipo, entren sigilosamente y siéntense a la mesa. Luego pregunten todos al unísono: "Mamá, ¿qué hay para comer?". Tan pronto como la madre salga del estado de shock, despídanse y salgan de la casa.

6. Vayan a un café, pidan un café con leche y pregunten si por favor pueden prepararlo sin café.

7. En algún semáforo relativamente largo, aguarden la señal roja, luego bajen todos del auto y corran alrededor del mismo una vez y vuelvan a subirse antes de que la señal cambie a verde.

8. Compren una tarjeta de felicitaciones o de enamorados en una librería.

9. Vayan a una verdulería y que cada miembro del equipo, por turnos, se acerque al mismo empleado y le pregunte dónde podría encontrar pasas de uva. Háganlo de modo que no sepa que los miembros del grupo están todos juntos. Asegúrense de darle las gracias cada vez que les responda.

10. Vayan a cualquier tienda, acérquense a un vendedor y pregúntenle dónde pueden encontrar un artículo que esté justo enfrente de ustedes. Pongan cara seria cuando lo pregunten.

11. Vayan a la casa de alguno de los miembros del equipo, entren todos en fila al baño, cierren la puerta, tiren de la cadena y luego salgan en fila.

12. Vayan a un lugar de comidas rápidas. Una vez dentro, todos agáchense y caminen sobre sus manos y rodillas, fingiendo que están buscando un lente de contacto que alguno de ustedes perdió. Mantengan esta actuación durante tres minutos.

13. Vayan a un restaurante, escojan una mesera, párense alrededor de ella y canten: "Porque es una buena mesera, porque es una buena mesera, porque es una buena mesera, ¡y nadie lo puede negar!".

14. Vayan a la casa de un vecino y que cada miembro del equipo le dé un apretón de manos. Mientras lo hace, cada uno debe decir: "¡Me alegro mucho de verlo/a!".

15. Vayan a la casa de otro vecino y pregúntenle si pueden sentarse todos dentro de su automóvil por un minuto. Cuando pase un minuto, denle las gracias y retírense.

16. Vayan a un centro comercial o a una calle céntrica de la ciudad, busquen a un hombre alto y calvo y pregúntenle qué hora es.

17. Vayan a una estación de gasolina y, con cara seria, pidan que por favor les den indicaciones sobre cómo llegar a un lugar que se encuentre justo enfrente de esa estación de gasolina.

18. Consigan un sombrero para cada miembro del equipo y paseen tomados de la mano y con los sombreros puestos. Deben pasear por el centro de la ciudad o por alguna calle muy concurrida, y en total deben caminar al menos doscientos metros.

19. Párense frente a algún edificio público (municipalidad, tribunales de justicia, casa de gobierno, etc.) y canten el himno nacional con una mano puesta sobre el pecho.

20. Compren una naranja y pídanle al vendedor que les firme un autógrafo sobre su cáscara.

18. BÚSQUEDA GROTESCA

Como en la mayoría de las búsquedas, en esta también debes dividir tu grupo en equipos y enviarlos al mundo con una lista de ítems para traer cuando regresen. En este caso, la lista es la siguiente:

- Un cuarto de taza (o más) de *ketchup* (salsa de tomates)
- Un huevo crudo
- Un hueso de vaca o pollo
- Un cuarto de taza (o más) de mostaza
- Media taza de vegetales (de cualquier tipo) que hayan sobrado de alguna comida
- Media taza de harina
- Una porción de gelatina, flan o cualquier postre
- 5 centímetros de pasta dental
- Una porción de carne (de cualquier tipo) que haya sobrado de alguna comida
- Media taza de té o café que haya sobrado de algún desayuno o merienda

Debes entregar a cada equipo 10 bolsas pequeñas (de esas que pueden cerrarse herméticamente), una para cada ítem. Cada equipo elegirá un capitán, quien debe ser valiente y audaz, el cual dirigirá la búsqueda.

Cuando los equipos regresen con los ítems de la lista, se dará comienzo a la siguiente etapa. Sienta a los capitanes en una mesa larga y coloca un recipiente adecuado frente a cada uno, mientras el resto del equipo estará formado en fila detrás de una línea ubicada a unos 5 metros de la mesa, mirando hacia el capitán. A la señal de inicio, los miembros de cada equipo correrán una carrera de relevos en la cual irán llevando de a una las bolsas de plástico con lo que recolectaron, e irán depositando su contenido dentro del recipiente de su capitán (en el caso del huevo, deben romperlo y descartar la cáscara).

Una vez que los diez ingredientes estén dentro del recipiente, el siguiente miembro del equipo debe mezclar toda esa asquerosidad revolviéndola diez veces con una cuchara, y luego darle una cucharada colmada al capitán para que la coma. Cuando se la trague, el capitán debe ponerse de pie y gritar: "¡Mis felicitaciones al cocinero!". El primer equipo en completar todo esto será el ganador.

Una versión simplificada de esta actividad sería saltarse la búsqueda y directamente proveerles tú todos los ingredientes a los equipos; de ese modo, podrías tener un poco más de control sobre la higiene de los alimentos. Por supuesto, si decides incluir la búsqueda en la actividad, establece ciertas reglas como, por ejemplo, que solo se puede tomar un ítem de cada casa que visiten o que no se puede tomar nada de la basura.

19. ¡PON ATENCIÓN DURANTE LA REUNIÓN!

Justo antes de una reunión dominical entrega a cada uno de tus jóvenes una copia de la hoja titulada *¡Pon atención durante la reunión!* (verás el detalle más abajo). Elige una reunión relativamente informal para esta actividad, una que no requiera tiempos de meditación silenciosa. Comparen sus respuestas en la próxima reunión de jóvenes.

¡PON ATENCIÓN DURANTE LA REUNIÓN!

Completa esta hoja durante la reunión y tráela contigo a la próxima reunión de jóvenes.

1. ¿Quiénes estaban recibiendo a las personas en la entrada?

2. ¿Quién fue la última persona en entrar al templo?

3. Nombra una persona (que no sea Jesús) que haya sido mencionada en el pasaje de las Escrituras que se leyó.

4. ¿De qué color/es estaba vestido quien dirigía la reunión?

5. Menciona el testimonio que más te impactó.

6. Nombra una persona que pareciera estar verdaderamente concentrada en la reunión.

7. Nombra una persona que esté muy, pero muy bien vestida.

8. Nombra una persona que tenga puesta una pollera.

9. Nombra una persona que tenga puesto algo verde.

10. ¿Cuántos niños se retiraron del templo para ir a la escuela dominical?

11. ¿Cuántos minutos duró el sermón?

12. Anota el apellido de la familia más numerosa que haya venido hoy a la iglesia.

13. Nombra una persona que habitualmente venga, pero que haya faltado hoy.

14. ¿En qué fecha del calendario litúrgico nos encontramos ahora?

15. ¿Cuántos miembros del grupo de jóvenes estuvieron hoy en la reunión?

20. CACERÍA HUMANA

Esta es una búsqueda de personas en lugar de objetos. Entrega a cada equipo una lista en la que aparezcan diferentes tipos de personas (un abuelo, una madre, un niño, etc.). Los equipos deben ir por las calles cercanas a la iglesia, casa por casa, buscando personas que se ajusten a esas descripciones. Cuando encuentren a una de estas personas, deberán intentar convencerla de que los acompañe en el resto de la búsqueda y luego a una fiesta en la iglesia. El equipo ganará 100 puntos por cada persona que llegue con ellos a la iglesia y que se ajuste a alguna de las descripciones de la lista. Aquí tienes unos ejemplos de descripciones que puedes incluir en tu lista:

- Un deportista

- Un oficial de policía

- Alguien que sepa hablar en inglés con fluidez

- Alguien que sepa tocar algún instrumento musical (debe venir con su instrumento)

- Una pareja que se haya casado hace menos de un año (vale 200 puntos)

- Alguien en pijama
- Una maestra
- Alguien que tenga un auto azul
- Alguien cuyo apellido tenga más de diez letras
- Alguien con el cabello de color rojizo

- Un estudiante con promedio mayor a 9
- Alguien que tenga un gato por mascota (debe venir sin el gato)
- Alguien que mida más de un metro ochenta
- Un artista

¿Y qué haces, entonces, con todas las personas que traigan tus jóvenes a la iglesia? Primero, dales muchas gracias por su buena disposición; luego, ofréceles bebidas y algo para comer, al mismo tiempo que alientas a tus jóvenes a conversar con ellos para conocer mejor a los vecinos de la iglesia. Si la reunión termina muy tarde, pide a algunos de tus jóvenes que acompañen hasta su casa a quien lo necesite.

21 BÚSQUEDA EN INTERIORES

Divide a tu grupo en equipos, y ubica a cada equipo en un extremo del salón, cuidando de que todos queden aproximadamente a la misma distancia del centro. Asegúrate de que cada participante tenga consigo su billetera, cartera, o bolso. Tú estarás de pie en medio del salón, mientras que cada equipo escogerá un "corredor", que será el encargado de llevar los elementos que vayan encontrando en sus bolsillos, carteras o donde sea, hasta el lugar donde estás tú. Cuando estén todos preparados, comienza a pedirles elementos como los que aparecen en la lista de abajo. El primer equipo que llegue hasta ti con un elemento gana 100 puntos. Después de pedir unas veinte cosas, darás por finalizada la competencia, y el equipo que haya acumulado la mayor cantidad de puntos será el ganador.

Pide cosas tales como:

- Un peine

- Una moneda del año 2005

- Un lápiz labial

- Un calcetín transpirado

- Un cordón de zapato (sin el zapato)

- Cuatro cinturones abrochados entre sí

- Una fotografía

- Un billete

- Un fósforo

- Una bota

- Un pañuelo de tela

- Un sombrero

- Un anillo o brazalete de color turquesa

- Una camiseta blanca

- Un lápiz negro

- Una entrada de cine o teatro

- Un par de lentes de sol

- Pintura para las uñas

- Un *sweater* azul

- Goma de mascar

- Un pañuelo desechable

- Un reloj

También puedes probar la siguiente variante:

- *Búsqueda intelectual*. En lugar de simplemente nombrar un objeto, pídelo de tal modo que primero deban pensar hasta descubrir qué es lo que quieres que te traigan. Por ejemplo:

- Un objeto cilíndrico cuyo interior contiene grafito de color negro y que se emplea para comunicarse en forma no oral (un lápiz negro)

- Un objeto multidentado empleado por los individuos presumidos para organizar mejor su melena (un peine)

- Un elemento de goma blanda el cual, al expulsar uno el aliento en su interior, se expande hasta convertirse en algo parecido a una pelota (un globo)

- Un trozo de papel certificado por el gobierno nacional de tal manera que permite su intercambio por posesiones materiales (un billete o papel moneda)

- Un recuerdo visual de las facciones o expresiones de cierta persona con la que se guarda una afinidad especial no condicionada por vínculos parentales (la fotografía de un amigo)

- Un trozo de papel blando y suave que se emplea de manera no reutilizable para limpiarse los mocos de las fosas nasales (un pañuelo de papel)

22. LISTA DE DESAFÍOS

Divide a tu grupo en equipos. Asegúrate de que haya suficientes vehículos como para transportar a todos los equipos, y de que cada equipo sea acompañado por un líder adulto, quien supervisará las actividades que realicen. Entrega a cada equipo una hoja de instrucciones que diga:

"Ustedes deben seguir estas instrucciones y completar tantas misiones como les sea posible en *equis* horas (fija un determinado tiempo). Deben hacerlo en el orden en que están escritas (varía el orden de las actividades para cada equipo), y sin explicárselas a nadie que esté fuera del equipo ni a ninguna persona con la cual entren en contacto, al menos hasta que hayan terminado la misión (es decir, no pueden decir: «Disculpe, ¿podría usted ayudarnos? Somos parte del grupo de jóvenes de una iglesia y estamos jugando un juego en el que se nos pide que...»".

Incluye en la hoja de instrucciones misiones como las siguientes:

- Convencer a otro joven a quien no conozcan para que los acompañe y los ayude a completar las siguientes misiones.

- Conseguir un certificado escrito y firmado por un doctor diciendo que ninguno de ustedes tiene la peste bubónica.

- Saltar en un solo pie durante dos minutos en el centro de una plaza o parque público.

- Encontrar algún lugar donde haya gente jugando al fútbol y lograr que les permitan patear la pelota una vez a cada uno.

- Convencer al conductor de un taxi para que les permita subirse a todos y los lleve a dar la vuelta a la manzana.

23. ¡ARMA TU PROPIA PIZZA!

Divide a tus chicos en grupos de entre 4 y 6 integrantes. Entrégale a cada grupo dos o tres pizzas precocidas (pero solo la masa) o haz que cada grupo prepare sus propias masas de pizza y las cocine. Luego, envíalos en busca de cosas para ponerles arriba, ya sea a pie, en bicicleta o en automóvil, pero sin nada de dinero. Solo pueden visitar casas, no tiendas.

No hay motivo para que hagan esto contrarreloj; más bien, que sea un concurso de creatividad. Dales suficiente tiempo como para completar sus pizzas, ya que este es además un excelente ejercicio para estrechar lazos con la comunidad cercana a la iglesia.

A la hora fijada, todos los equipos deben regresar a la iglesia con los ingredientes que consiguieron y cocinar sus pizzas (o puedes agregar a la lista de instrucciones encontrar a alguien que les preste su horno para preparar las pizzas). Cuando las pizzas estén listas, pueden compartirlas entre todos o bien cada equipo puede comer las que prepararon.

Asegúrate de tener suficientes bebidas y ¡disfruten de la fiesta!

24. BÚSQUEDA ESTILO PICTIONARY

Como en la mayoría de las búsquedas, les entregas a tus chicos una lista de objetos que deben encontrar y traer a la iglesia dentro de un tiempo determinado. Sin embargo, aquí está la diferencia: *no podrán hablar con nadie para conseguir los elementos que figuran en la lista, ni con sus propios compañeros de equipo ni con otras personas.* Para explicarles a las personas lo que necesitan (una fotografía del presidente del país, una moneda, un saquito de té, un trozo de queso con moho, un palillo de dientes, etc.), deben turnarse para hacer dibujos, respetando las mismas reglas que las del *Pictionary* (las cuales prohíben, entre otras cosas, escribir letras o números).

Pueden colgarse un letrero que diga:

ESTOY PARTICIPANDO EN UN JUEGO DE BÚSQUEDA, Y PARTE DEL JUEGO ES QUE NO PUEDO HABLAR. SOLO PUEDO INDICARLE CUÁL ES EL OBJETO QUE NECESITO POR MEDIO DE DIBUJOS. ¡POR FAVOR, INTENTE ADIVINAR!

25. BÚSQUEDA BÍBLICA CON FOTOGRAFÍAS

El objetivo aquí no es traer la mayor cantidad de fotografías de objetos o cosas, sino obtener la mayor cantidad de puntos (observa la lista más abajo). Cada equipo debe llevar una cámara digital o celular. Se otorgarán puntos adicionales a quienes consigan dos de las pistas con una sola foto (aunque esto requerirá algo más de planificación por parte del equipo) y también por cada foto que incluya a todos los miembros del equipo.

En base a estos ejemplos, puedes crear nuevos listados de búsquedas bíblicas.

5 PUNTOS:

Puedes disfrutarlo solo o acompañado, puedes dárselo a los pájaros, o puedes arrojarlo cuando salgas de paseo para encontrar el camino de vuelta a tu casa. Marcos 14:1

5 PUNTOS:

Los maestros son a veces muy estrictos en el momento de evaluar tus trabajos, pero este tipo de examen es aún peor. 1 Corintios 3:13

10 PUNTOS:

Pablo y Silas entraron allí sin miedo. Si te animas, entra tú también y tómate una fotografía. Hechos 16:23

10 PUNTOS:

Si logras encontrarlos a todos, pídeles que posen juntos para una foto. Mateo 25:1

20 PUNTOS:

Puede ser de verdad, puede ser de piedra, puede ser decorativo, puede estar en una plaza, una iglesia o una casa. Mateo 1:20

20 PUNTOS:

Listo o no, para esta fotografía debes encontrar uno vivo. Proverbios 21:31

30 PUNTOS:

Ahora deberás fotografiar dos cosas simultáneamente. El primer elemento se necesita, por lo general, para comprar el segundo. Al segundo puedes prepararlo de varias maneras para la cena, pero si esperas demasiado tiempo tendrá muy mal olor. Mateo 17:27

26. FOTOGRAFÍAS DE PERSONAS

Cita a tus chicos para reunirse un sábado por la mañana. Divide al grupo en equipos y dale a cada equipo una cámara digital (pueden usar sus propios celulares también). Entrégales también una lista de fotografías que deben tomar, las cuales deberán incluir personas. Nadie del grupo puede aparecer en las fotografías, solo pueden emplear a personas desconocidas en sus tomas. Cada equipo deberá escoger una zona para trabajar, como el zoológico, el parque, el centro de la ciudad, etc. A las personas se les debe pedir que posen para las fotos.

Aquí va una lista como ejemplo:

- Alguien que parezca desilusionado
- Alguien que muestre compasión
- Alguien que muestre enojo
- Alguien que esté dormido en un banco de una plaza
- Un hombre mayor y un niño pequeño
- Un oficial de policía haciendo su trabajo
- Alguien que muestre cortesía
- Alguien que juegue con un perro
- Un niño sosteniendo un globo

Se les indicará a los grupos cuál es el tiempo límite para entregar sus cámaras, y luego los jueces evaluarán las fotografías para elegir al equipo ganador. También pueden imprimirlas y montar una exposición, o emplearlas como disparador para conversar en grupo.

27. ¡A CORRER EN BUSCA DE ESAS FOTOS!

Para esta búsqueda deberás formar equipos de 5 o 6 chicos cada uno. Cada equipo deberá contar con una cámara digital, una lista de fotografías para tomar y, si es posible, un vehículo y un conductor adulto responsable (o pueden hacer el juego caminando). Tendrán un tiempo límite para tomar todas las fotografías que puedan y regresar a la base. Pero la cantidad no es tan importante, ya que las fotografías tendrán distintos puntajes de acuerdo con la dificultad que impliquen. El equipo que acumule la mayor cantidad de puntos será el ganador.

Aquí debajo hay una lista de reglas e indicaciones que debes darle a los equipos.

Esta es una competencia entre equipos para ver qué equipo puede acumular la mayor cantidad de puntos. Los puntos se ganan tomando fotografías según la lista que se les entregará. Al final de cada descripción hay un número entre paréntesis que es el que indica el valor (en puntos) que tiene cada fotografía.

- Todos los equipos saldrán de la iglesia al mismo tiempo, cada uno con un adulto imparcial que hará de conductor y supervisor.

- Cada equipo debe elegir un nombre y un capitán. El capitán será el que determinará hacia dónde se dirigirá el equipo para tomar las fotografías.

- Todos los arreglos que se requieran para tomar las fotografías deben ser realizados por los miembros del equipo. El adulto supervisor no puede ayudar, solo podrá tomar las fotografías cuando resulte necesario.

- Al menos cinco miembros del equipo deben ser visibles y claramente identificables en cada una de las fotografías, excepto cuando se indique lo contrario.

La lista es la siguiente:

- Colgados de un árbol por las rodillas (10 puntos)

- Dentro de la vidriera/escaparate de un negocio, posando como maniquíes (5 puntos)
- Dentro de un auto de policía (15 puntos)
- Dentro de una bañera (con la ropa puesta) (10 puntos)
- Dándole la mano al empleado de una estación de servicio/gasolinera (10 puntos)
- Dentro de un bote, sobre el agua (20 puntos)
- Sentados a la mesa con una familia comiendo la cena (no pueden ser familiares de ninguno de los integrantes del grupo (15 puntos)
- Todos los miembros del equipo probándose zapatillas blancas en una tienda deportiva (30 puntos)
- Lavando un automóvil (15 puntos)
- Todos sentados en un cruce peatonal (20 puntos)

28. BÚSQUEDA DE HUEVOS EXTRAVAGANTE

Aquí tienes una búsqueda del tesoro cuyos elementos se relacionan con huevos. Dile a tus equipos que tienen una hora para encontrar (o preparar) la mayor cantidad posible de los artículos listados a continuación, y aclárales que deben comprar la menor cantidad de artículos posible. Espera una hora hasta que regresen, y luego asígnale una determinada cantidad de puntos a cada una de las cosas relacionadas con huevos que trajeron en sus canastas.

Listado extravagante:

- Un huevo decorado
- Un huevo duro
- Cáscara de huevo
- Un huevo revuelto
- Una cáscara de huevo vacía e intacta
- Un huevo de chocolate (puntos extras para el más pequeño y para el más grande)
- Una fotografía de un huevo
- Un envase de cartón para huevos
- Una huevera o copa pequeña para sostener los huevos cocidos
- Un cronómetro de cocina en forma de huevo
- Una espátula para huevos
- Un sándwich de huevo
- Un rebanador de huevos
- Licor de huevo
- Un separador de claras y yemas
- Un recipiente para huevos *poché*
- Un batidor de huevos

29. MÁS ALLÁ DEL ARCO IRIS

Ve a la tienda de pinturas local y pide que te den algunas de esas tiritas de cartón con colores de muestra.

Divide al grupo en equipos y entrégale a cada equipo una tirita. El objetivo será salir y encontrar cosas que tengan exactamente el mismo color que las muestras que les entregaste. Cualquier objeto sirve, pero tiene que ser exactamente del mismo color. Los jueces podrán descalificar cualquier objeto cuya igualdad con el color dado resulte cuestionable. Establece un límite de tiempo, y el equipo que consiga la mayor cantidad de objetos que se correspondan con cada uno de sus colores será el ganador. Pueden otorgarse puntos adicionales para los objetos que sean completa y únicamente del color dado, para los que tengan más de uno de los colores del muestrario, etc. No está permitido visitar tiendas de pinturas ni de arte y no pueden comprar nada.

30. VERSÍCULOS EN EL PARQUE

Esta búsqueda funciona mejor en un parque grande o en una plaza. Antes de que llegue el grupo, esconde tarjetas con versículos de las Escrituras por todo el parque, pegándolas con cinta adhesiva en distintos lugares (debajo de un banco de una glorieta, debajo del asiento de una hamaca, detrás de un letrero, etc.). Luego prepara pistas en forma de acertijo, dando la menor cantidad de información posible respecto de la ubicación de cada tarjeta. Una pista para el versículo debajo del banco de una plaza podría ser "algo sobre lo cual las madres pasan mucho tiempo". El grupo se dividirá en equipos de tres o cuatro participantes cada uno, y a cada equipo se le entregará su primera pista.

Se les explicará que lo que deben hacer es encontrar el versículo, memorizarlo, y regresar con el líder para recitárselo de memoria (sin quitarlo nunca de su lugar). Si logran hacer esto con éxito, se les entregará la segunda pista, y así sucesivamente. Cada grupo debe recibir las mismas pistas pero en diferente orden. El primer grupo que haya recitado correctamente todos los versículos será el ganador.

31. CÓDIGO SECRETO

El objetivo de esta búsqueda es obtener un premio que está escondido dentro de una caja fuerte, que solo puede ser abierta con la combinación correcta de tres números entre el 1 y el 36 (o los números que tenga la caja fuerte que consigas). También puedes fabricar tu propia caja fuerte con una caja de cartón; en este caso, tendrás que sostener la puerta cerrada manualmente hasta que alguien dé con la combinación correcta y pueda abrirla.

Los equipos deberán descubrir cuáles son los tres números que abren la caja fuerte mediante un proceso de eliminación (por ejemplo, la combinación puede ser: 2-31-18). El grupo se dividirá en equipos, y a cada equipo se le entregarán unas hojas de instrucciones que los ayudarán a eliminar de la lista todos los números que no pertenezcan a la combinación; es decir, si hay 36 números en la caja fuerte, deberás

darles a tus chicos 33 instrucciones o pistas que les permitan eliminar todos los números posibles hasta que solo les queden los tres que abren la caja. El orden de estos tres números, sin embargo, deberá ser descubierto por prueba y error directamente girando la rueda en la caja.

El primer equipo que llegue hasta donde está la caja con los tres números correctos tendrá derecho a hacer el primer intento en cuanto al orden de los números. Si fallan, entonces el segundo equipo tiene una oportunidad para intentarlo, y así sucesivamente hasta que alguien logre abrir la caja fuerte.

La lista incluirá una variedad de formas de eliminar números. Algunas de las pistas podrán ser resueltas en el momento, y otras instrucciones conducirán a los equipos a diversos lugares de la ciudad (procura que sean cercanos al lugar del evento). Algunos ejemplos de pistas o instrucciones pueden ser:

- Eliminen la raíz cuadrada de 676.

- Detrás del edificio del Banco Nacional hay un negocio de venta de automóviles usados. Hay un letrero blanco en la puerta publicitando ese negocio. En el letrero hay escritos dos números de teléfono. Eliminen el último dígito del segundo número de teléfono.

- En la guía telefónica de nuestra ciudad, la empresa de lavado de alfombras *¡A limpiar!* está listada en la página _____. Eliminen este número.

- ¿Cuántos hijos tuvo Jacob? Eliminen ese número.

- ¿Cuánto cuesta un kilo de manzanas en la tienda de la calle 3 y la avenida principal? Eliminen ese número.

- Eliminen el día del mes de julio en que terminan oficialmente los festejos de San Fermín en Pamplona, España.

¡Diviértete inventando las tuyas propias!

32. PISTAS BÍBLICAS

En esta búsqueda se utilizan versículos de la Biblia que se refieran a sitios o cosas que tus jóvenes puedan relacionar con determinados lugares de la iglesia (incluido el parque, si lo tiene).

Sigue el siguiente formato:

Entrega la primera pista, la cual será un versículo bíblico. Cada grupo tendrá una persona encargada de buscar el versículo y leerlo en voz alta para todo el grupo. Deben relacionarlo con algún objeto o lugar de la iglesia y dirigirse allí para buscar la siguiente pista.

Divide a tus chicos en dos o más equipos, y compitan para ver quién encuentra primero el tesoro (que puede ser cualquier cosa que tú prepares para ellos). Coloca el tesoro en un lugar accesible pero escondido, como por ejemplo, entre las ramas de un árbol en el centro del parque de la iglesia. Es mejor preparar unas cinco o seis pistas para cada grupo y tener en cada ubicación a una persona encargada de entregar las pistas. Intenta distribuir las pistas de cada grupo de manera pareja en cuanto a la distancia, para que unos no tengan que perder más tiempo que los otros en trasladarse.

Aquí tienes algunos versículos que podrías utilizar:

- Proverbios 26:14 (una puerta)

- Juan 4:6 (un pozo o un camino)

- Isaías 2:5 (una luz)

- Salmo 23:2 («tranquilas aguas» ... puede ser una fuente)

- Mateo 13:44 (¡aquí está el tesoro!)

Piensa en qué lugares de tu iglesia podrías esconder pistas, y luego comienza a buscar versículos apropiados. ¡Una concordancia bíblica puede resultarte de gran ayuda!

33. RECORRIDO FOTOGRÁFICO

Esta variante funciona exactamente igual que una búsqueda normal. Los jugadores salen del lugar de partida, todos al mismo tiempo, y van de pista en pista hasta encontrar un tesoro. El equipo que primero llega hasta donde está el tesoro, gana. La única diferencia en este caso es que las pistas son *fotografías*.

En el punto de partida cada equipo recibe una fotografía que muestra la ubicación de la siguiente pista. El equipo debe observar detenidamente la fotografía e intentar identificar de qué lugar se trata. Obviamente, tú puedes tomar fotografías fáciles de descifrar, o puedes hacer que el lugar sea casi imposible de reconocer. Los grupos podrían moverse en automóviles (con un adulto responsable) o en bicicletas, ya que es posible que en algún momento tengan que dar vueltas y vueltas hasta que vean algo que se parezca a la foto que recibieron. De cualquier manera, al llegar al lugar que aparece en la fotografía, el grupo recibirá su próxima fotografía.

Un buen juego puede tener entre 5 y 10 fotografías, dependiendo de la dificultad que estas conlleven. El grupo que primero llegue al destino final será el ganador.

Tal vez desees entregarle a cada equipo un sobre sellado conteniendo información acerca de cuál es el punto final del recorrido, por si acaso no llegaran a la última pista antes de la hora prefijada para el final de la competencia. Antes de esa hora, los equipos que lleguen al lugar deberán entregar primero sus sobres sellados antes de poder ser declarados ganadores.

34. FOTOGRAFÍAS CREATIVAS Y TESORO ESCONDIDO

Cada equipo debe tener un celular con cámara, que tenga suficiente señal para poder mandar las fotos y videos al juez general. Divídelos en equipos de más o menos cuatro personas. Cada equipo tiene que elegir un líder y un nombre del equipo. Envía al líder la lista de pistas que siguen. Todos deberían estar en las fotos (pueden ser *selfies*) o videos.

Requisito número 1: manda el texto del nombre de equipo al juez.

Requisito número 2: enviar cada pista de abajo al juez, inmediatamente después de filmarlo o de que hayan tomado la foto. Esto es para que nadie haga trampa.

Requisito número 3: tienen un tiempo limitado. Dependiendo en dónde lo hagan, pueden darles media hora o una hora. Dependerá de ti si pueden salir de la propiedad de la iglesia o si quieres hacerlo en algún parque.

El equipo más creativo y con más pistas completadas será el ganador.

- Crear una barra/hinchada de fútbol con canción y grabarlo en video

- Fotografía del equipo con los pies de todos en el agua

- Posar como un sapo

- Grabar 10 segundos de otro equipo sin que ellos los vean

- Escoge una película, graba unos 15 segundos de una escena de esa película

- 15 segundos de su equipo corriendo en cámara lenta

- 15 segundos de su equipo representando guitarristas tocando al aire sin guitarra

- Fotografía del equipo contemplando la puesta del sol

- 10 segundos de un equipo jugando algún deporte juntos

- 10 segundos de un equipo haciendo juntos el mismo sonido de algún animal

- Fotografía imitando una partida de ajedrez

- La fotografía más creativa que puedan crear como equipo

- 10 segundos de la filmación de video más creativa que puedan hacer

Al final, cuando regresen al salón, dales una pista para encontrar el tesoro. Hay que esconder un tesoro (una bolsa de caramelos o confites escondido debajo de un asiento, pegado con cinta). Inventa una pista sencilla hasta que un equipo encuentre el tesoro. El equipo que encuentra los caramelos será el ganador en cuanto al tiempo logrado, pero aún faltará coronar al ganador en creatividad. En el salón, asegúrate de tener un proyector con parlante para poner todos los videos y fotos en la pantalla. Es mejor ir pista por pista: si son tres equipos, empieza con el video de barra/hinchada de fútbol de cada equipo, y los que estén en el público podrán votar por el más creativo. Se podrá usar *Mentimeter* (www.mentimeter.com) para ver quién gana (el juez o un asistente registrarán los votos si no se usa *Mentimeter*). El equipo que gana más votos se coronará como campeón. Puedes tomar una foto con todo el grupo ganador adelante y con los otros equipos mirándolos con celos. El premio puede ser más caramelos o golosinas, o un trofeo con una cámara de plástico por haber ganado en la creatividad fotográfica.

35. CARRERA DE SUBMARINOS

Esta idea consiste en un divertido juego de búsqueda con un nombre intrigante y un final inusual. Como en otras búsquedas, debes dividir a tu grupo en equipos, y cada uno se dirigirá de un lugar a otro siguiendo ciertas pistas que tú les darás. Lo diferente es esto: en el último lugar al que los conducirán las pistas, cada equipo recibirá un submarino a escala, un modelo de esos de juguete que se compran para armar. Estará desarmado, y deberán llevarlo a la iglesia o al lugar de reunión para ser armado allí.

Un equipo no será considerado ganador hasta que el submarino esté completo y correctamente armado. Todo el equipo debe participar en esa tarea. Puedes conseguir estos submarinos en las tiendas de juguetes o en tiendas de modelismo o de vehículos a escala (es mejor si compras el mismo modelo para todos los equipos). Asegúrate de tener pegamento a mano por si es necesario.

Después de la competencia, ¿qué viene? ¡Una merienda compartida! En algunos países se le llama *submarino* a un vaso de leche caliente en el cual se sumerge una barra de chocolate semiamargo para que se derrita. ¡Es delicioso, y sería un final perfecto para este evento!

36. ARMANDO ROMPECABEZAS DE CASA EN CASA

Esta búsqueda del tesoro requiere mucha preparación, pero los resultados hacen que valga la pena el esfuerzo. Así es como funciona:

Primero deberías reclutar una serie de familias de entre los miembros de la iglesia que estén dispuestas a quedarse en casa la noche del evento y ayudarte. La cantidad de hogares que necesitaras varía, pero probablemente necesites al menos cinco o seis (ocho o nueve sería lo ideal). En la noche del evento, divide a tus chicos en equipos dentro de un mismo automóvil, aunque también puedes organizar este evento en bicicleta o a pie si todas las casas se encuentran cerca de la iglesia. Cuando los grupos salen del punto de partida, se le entrega a cada uno una pieza de un rompecabezas infantil (que deberá tener en total ocho o nueve piezas). Al dorso de cada pieza estará escrito el apellido de una familia de la iglesia. Deben ir, entonces, a la casa de esa familia y allí se les dará una instrucción. Cuando cumplan con esa instrucción, se les entregará una nueva pieza del rompecabezas, la cual los dirigirá a la casa de la siguiente familia a la que deben ir. En la siguiente casa harán lo mismo: oír la instrucción, cumplirla y recibir una nueva pieza. Y así sucesivamente hasta recorrer todas las casas. El equipo que regrese primero al punto de partida con todas las piezas de su rompecabezas y lo arme allí, será el ganador.

Obviamente, la cantidad de casas debe ser la misma que el número de piezas de rompecabezas que debas repartir. Para cada equipo debes trazar una ruta distinta, de manera que no vayan todos a una misma casa al mismo tiempo, sino que las vayan visitando a todas pero en distinto orden. Todo esto requerirá de un tiempo de preparación previa. Deberás asignarle un número a cada equipo, de modo que cuando lleguen a una casa reciban la pieza que les corresponde (la cual tendrá ese número). También puedes entregar un rompecabezas diferente a cada equipo, siempre y cuando todos tengan la misma cantidad de piezas.

En cada casa habrá una tarjeta diferente con una instrucción. Será la que deberán darle a cada equipo que llegue, y el equipo tendrá cumplirla para que se le entregue la siguiente pieza. Las instrucciones pueden ser cosas como:

- Deben contarle tres chistes a la familia que vive en esta casa

- Deben formar una pirámide y cantar una canción de cuna en esa posición

- Deben dar tres vueltas alrededor de la casa corriendo

- Cada uno debe tomar un trozo de goma de mascar, y después de 30 segundos todos juntos deben fabricar un globo al mismo tiempo

- Deben recitar Juan 3:16 al unísono

- Deben comer un sándwich y tomar un refresco, cortesía de la familia

La última pieza del rompecabezas que reciba cada grupo debería indicarles que regresen al punto de partida. Entrega premios a los ganadores, compartan un refrigerio, conversen acerca de sus experiencias y pasen un lindo tiempo de camaradería. ¡Habrá sido un día muy divertido!

IDEAS

para eventos en fechas especiales

Año Nuevo, Navidad, el Día del Padre y de la Madre...
Son fechas muy especiales para nosotros en las que
también podemos divertirnos y tener una enseñanza
con propósito. Por ello, te acercamos algunas ideas para
esos momentos. ¡Sé creativo y piensa en otras ideas para
sumar al listado!

37. AÑO NUEVO BRILLANTE

Esta idea les da a los festejos
de Año Nuevo o a una fiesta de
cumpleaños un hermoso toque
festivo (siempre y cuando puedas
limpiar el piso con facilidad).
Llena globos medianos de látex
con un puñado de confites.
Infla los globos, átalos y luego
cuélgalos del techo. Cuando el
reloj anuncie la medianoche,
pinchen los globos con alfileres
o lápices con la punta bien
afilada y los confites volarán por
todas partes.

Para un verdadero festejo (y
un verdadero lío cuando caigan
sobre el cabello), agrégales brillantina a los globos.

38. El año en un cartel retrovisor

Esta es una forma simple pero efectiva de generar unidad en el grupo y crear recuerdos perdurables. Toma un pliego largo de papel (papel de envolver o papel de diario) y cuélgalo sobre una pared lisa. Pinta líneas verticales gruesas para dividir el cartel en doce secciones iguales y etiqueta cada sección con los nombres de los meses del año. Deja que los chicos decoren el cartel al estilo de un collage a fin de mostrar qué hicieron como grupo en cada mes del año. Utilicen crayones y marcadores. Peguen fotografías de actividades del grupo, copias del periódico de los jóvenes, afiches de películas, folletos, cartas, material de publicidad y cualquier otra cosa que pueda simbolizar o recordarles lo que hicieron.

Esta actividad es especialmente indicada para vigilias o retiros de Año Nuevo. Haz que los chicos traigan cosas relacionadas con el grupo, cosas que hayan guardado durante los doce meses anteriores, y también agrega a la colección todo lo que tú hayas conservado.

39. Buenos y malos hábitos: hola y adiós

Esta idea es adecuada especialmente para la primera o la última reunión del año, y está relacionada con los objetivos de Año Nuevo. La misma permitirá que los chicos le digan *hola* a un buen hábito y *adiós* a uno malo.

Cada integrante del grupo recibirá unas hojas de papel, un sobre y un lápiz. Pídeles a los participantes que escriban algunos objetivos para el nuevo año (un buen hábito que pueden proponer), luego coloquen las hojas en un sobre con su nombre y ciérrenlos. Se recolectarán y luego serán enviados a estas personas en junio, a fin de recordarles los objetivos que se habían propuesto.

A continuación, haz que los chicos escriban en las hojas un mal hábito que desearían dejar. Luego de una breve charla sobre cómo van en la tarea de liberarse de los malos hábitos, y después de orar y comprometerse unos con otros, cada uno lleva su mal hábito al frente y simbólicamente lo quema en una pequeña fogata (asegúrate de tener ventilación adecuada o lleva a cabo esta parte de la reunión en el exterior).

La mejor forma de que un programa como este sea efectivo a largo plazo es planificando algún tipo de seguimiento de estos objetivos durante el año.

40. OBJETIVOS BÍBLICOS

Para crear objetivos espirituales de Año Nuevo, haz que tus chicos recorran la Biblia y encuentren sus versículos favoritos. Para aquellos que dicen no tener un versículo favorito, pídeles que abran sus biblias en el libro de Proverbios y que comiencen a leer hasta que encuentren uno que les guste. Asegúrate de tener biblias adicionales a mano.

Diles a los chicos que parafraseen el versículo que han elegido, redactándolo con sus propias palabras; luego, deberán personalizarlo, expresando la idea en primera persona. Por ejemplo, Mateo 6:33 señala: «Lo más importante es que primero busquen el reino de Dios y hagan lo que es justo. Así, Dios les proporcionará  todo lo que necesiten». Alguien que escoja este versículo puede parafrasearlo y personalizarlo de esta manera: "Siempre buscaré las cosas de Dios en todo lo que haga. Y si lo hago, Dios me va a dar todo lo que necesito aquí en esta tierra".

Pídeles que escriban las paráfrasis en letras bien grandes en una hoja de color, y que la coloquen en algún lugar donde puedan verla a menudo. Estos versículos personalizados pueden transformarse en sus objetivos de Año Nuevo.

41 JUEGOS DE PALABRAS NAVIDEÑOS (POEMA)

Esta idea puede ser utilizada con resultados extraordinarios durante las reuniones o actividades de la época navideña. Dile al grupo que estás escribiendo un poema de Navidad y necesitas ayuda con algunas palabras importantes. Pídeles que te vayan diciendo el tipo de palabras que necesitas tal como está indicado en cada parte en blanco del poema, y que sean lo más creativos y alocados que puedan al pensar en las palabras que van a proponer. Luego completa tú los espacios en blanco con las que consideres mejores. No dejes que los chicos sepan cuál es el contexto de las palabras, es decir, no les leas ninguna parte del poema hasta que te hayan dicho todas las palabras que necesitas. Cuando todos los espacios estén completos, lee el poema entero y diviértanse con el resultado. Puedes hacer esto con cualquier poema que desees. Aquí te proponemos uno:

Noche de (sustantivo) _____, noche de (sustantivo) _____,
Todo (verbo) _____ alrededor
Entre los (sustantivo plural) _____ que esparcen su (sustantivo) _____,
Bella, (verbo) _____ al niño Jesús,
Brilla la/el (sustantivo) _____ de paz,
Brilla la/el (sustantivo) _____ de paz.

Noche de (sustantivo) _____, noche de (sustantivo) _____,
Oye (adjetivo) _____ el (adjetivo) _____ pastor,
Coros (adjetivo plural) _____ que anuncian (sustantivo) _____,
(sustantivo plural) _____ y (sustantivo plural) _____ en gran plenitud,
Por nuestro buen (sustantivo) _____,
Por nuestro buen (sustantivo) _____.

42. ADIVINA EL REGALO

A medida que vamos creciendo, nos vamos haciendo expertos en lo que respecta a sacudir y sentir los paquetes de Navidad para descubrir qué es lo que hay dentro. Por lo tanto, el objetivo de este juego es probar esa habilidad y permitirles a los chicos sacudir y sentir algunos regalos a fin de obtener un premio. Envuelve unos diez paquetes y colócalos en fila. Numéralos del uno al diez y entrégale a cada chico un papel y un lápiz. La idea es investigar el paquete para adivinar qué es lo que contiene. El que más se aproxime a adivinar los diez paquetes gana la posibilidad de elegir uno de los regalos, y así sucesivamente (el décimo que más acierte obtiene el último regalo que quedó).

Puedes ayudarlos un poco entregándoles un listado con los posibles regalos que contienen los paquetes: si tienes diez regalos, entonces dale veinte respuestas con las correctas incluidas, y los chicos deberán hacerlas corresponder con el número de los paquetes.

43. BÚSQUEDA DE UNA DECORACIÓN NAVIDEÑA MUY FEA

Unos días antes de tu próxima fiesta de Navidad, pídeles a los chicos del grupo que realicen una búsqueda de los objetos de decoración navideños más chillones, cursis y de mal gusto que puedan encontrar. Te sorprenderás de la cantidad de artículos horribles que la gente está feliz de desechar. Luego, el día de la fiesta, decora el salón y el árbol de Navidad del grupo con todo lo que hayan encontrado.

44. NAVIDAD... ¡EN JULIO!

¡Esta idea sí que es de otro planeta! Organiza una fiesta navideña con todas las de la ley en pleno mes de julio o agosto. Hazla bien completa, con decoración de Navidad, villancicos, obsequios y todo lo demás. Si se realiza bien, puede crearse un espíritu realmente navideño. Pídeles a todos que traigan regalos para intercambiarse. Créase o no, la historia de la Navidad causa un mayor impacto en esta época del año cuando está separada de todo el ajetreo y el bullicio de la época navideña.

45. LA NOCHE DE MAMÁ

Celebra una noche de las mamás invitando a todas las madres de los chicos del grupo a participar en un programa especial para ellas (para aquellos jóvenes que vienen sin sus mamás, ten listas algunas madres sustitutas de la congregación).

A medida que llegan los chicos, entrégales tarjetas de cartón o cartulina, y pídeles que pongan nombres coordinados previamente, o de parejas famosas, para ellos y sus madres. Cuanto más creativos, mejor.

A continuación, realiza un juego de palabras. En tres minutos, cada equipo de madre e hijo tiene que escribir la mayor cantidad de palabras que se les ocurran con las letras que hay en la frase *Feliz día de la madre* (por ejemplo: dar, mar, rema, fea, etc.); ganará quien mayor cantidad de palabras haya anotado.

Para tener un poco más de acción, prueben el antiguo juego del globo atado al tobillo. Cada uno debe hacer explotar los globos de los otros y al mismo tiempo cuidar que no les revienten su globo. Dale un giro maternal y agrega la condición de que cada chico debe cuidar que no revienten el globo de su madre. Si los revientan, los dos quedan eliminados. ¡Si revientan el globo del hijo primero, la madre deberá defenderse sola de incontables peligros!

Presenta una obra teatral satírica e improvisada que incluya a madres e hijos.

Por último, el toque final es un juego divertido que ayuda a los jóvenes y sus madres a saber qué tan bien se conocen el uno al otro, y el público realmente lo disfrutará también. Aquí te damos algunas preguntas de ejemplo (una vez más, sé sensible a las historias particulares y adapta las preguntas que sean necesarias).

Ejemplos de preguntas para las madres:

- ¿Quién es el mejor amigo de tu hijo?
- ¿Cuál fue la última película que vieron juntos en el cine?
- ¿A veces se te escucha decir: "Tu cuarto parece un -----------------"?
- ¿Cuál fue el mejor regalo por el día de la madre que te hizo tu hijo?

Ejemplos de preguntas para los hijos:

- ¿Cuál es el apellido de tu mamá?
- ¿Cuál es su posesión más preciada?

- Si tuvieras que mencionar una comida que se parezca a tu madre, ¿cuál sería?

- ¿Cuántas veces durante la semana pasada tu madre te dijo que ordenaras tu cuarto?

46. DIVERSIÓN EN EL DÍA DEL PADRE

Aquí te proponemos algunas ideas para una actividad del Día del Padre con un programa entre padres e hijos en cualquier época del año.

- **La corbata.** Los expertos de la moda dicen que el largo de la corbata debe llegar hasta la mitad de la hebilla del cinturón. De todas formas, todos sabemos lo difícil que es lograr que una corbata quede anudada como queremos. Elige algunos padres e hijos del público y entrégale a cada uno una corbata. Dales una sola oportunidad de atar la corbata alrededor del cuello del otro con el tipo de nudo que deseen. La persona cuyo largo de la corbata llegue más cerca de la hebilla del pantalón será la ganadora. Entrégales premios a las diferentes categorías.

- **¿Me das las llaves del auto, por favor?** Divide al grupo en equipos de cuatro o cinco personas y dale a cada equipo cinco minutos para inventar respuestas rápidas y ocurrentes a la pregunta: "*¿Me prestas las llaves del auto, papá?*" Haz que cada equipo lea sus mejores respuestas. Entrégale premios al equipo con la mayor cantidad de respuestas y al que tuvo las ideas más creativas.

- **Papá Ingalls.** Reúne algunos de los que mejor cuentan anécdotas (padres y también hijos) para

que preparen historias de cinco minutos sobre
lecciones que han aprendido de sus padres o acerca
de conmovedores recuerdos que guarden de ellos.
Intercala estas historias a lo largo de la actividad.

IDEAS

para
eventos
Temáticos

Llevar a cabo una actividad de este tipo requiere de una planificación previa hecha con seriedad, ya que tendrás que organizar la publicidad, los juegos, la comida, etc., alrededor de un mismo tema. Sin embargo, la buena noticia es que planificar un evento temático resulta con frecuencia tan divertido como el evento mismo.

47. LA NOCHE AL REVÉS

Esta es una actividad divertida en la cual todo se hace al revés de lo normal. Las invitaciones y posters deberán imprimirse de derecha a izquierda (o incluso de abajo hacia arriba), y los anuncios verbales deberán efectuarse de espaldas a la audiencia.

Al llegar, los chicos deberán entrar por la puerta trasera de la iglesia o del salón. Carteles adecuados, escritos al revés, podrán colocarse en la entrada principal indicándoles que deben dirigirse hacia el fondo. Cada persona debe asistir a este evento con la parte delantera de su ropa hacia atrás y con el interior hacia afuera. Los chicos serán recibidos en la puerta con *¡Adiós! Esperamos que lo hayan pasado bien* y otros saludos similares. El programa deberá desarrollarse al revés.

Comienza con un devocional (si es que habitualmente lo realizas al final). Cuando los chicos se retiren, colócales una etiqueta con su nombre (al revés), dales la bienvenida y da a conocer a los visitantes. Si se utilizan platos de cartón para el refrigerio, utilízalos al revés (dados vuelta), y haz que todos coman con la mano izquierda si son diestros y con la derecha si son zurdos.

Divide al grupo en un mínimo de cuatro equipos para los siguientes juegos, pero en lugar de adjudicar puntos para determinar el ganador, resta los puntos. Cada equipo comenzará con 10.000 puntos, y luego perderán puntos a medida que ganan. Los nombres de los equipos pueden ser de animales de granja, y durante los juegos los integrantes de cada equipo deberán imitar el sonido del animal correspondiente (los sonidos también podrán ser hechos al revés).

Algunos de los juegos sugeridos son:

Charadas al revés. Este juego es igual al de las habituales charadas, conocidas en algunos países como *Dígalo con mímica*, excepto que los títulos deben actuarse de atrás hacia adelante. Por ejemplo, en lugar de *Rápido y furioso* el participante debe actuar *Furioso y rápido*. El equipo deberá acertar el título al revés.

Ensalada de letras al revés. Prepara con anticipación cuatro juegos de 9 tarjetas, un juego por equipo, con las letras P-A-R-A-A-T-R-A-S escritas sucesivamente en cada una de las tarjetas. Es decir, cada equipo recibe las nueve tarjetas, cada una con una de esas nueve letras escrita sobre ella. Las cartas se distribuyen entre los diversos integrantes del equipo. Luego deberás mencionar ciertas palabras que puedan escribirse utilizando esas letras, y el primer equipo que se alinea deletreando esa palabra de atrás hacia adelante resultará ganador. Las palabras a emplear podrían ser *atrás, parar, atrapar, par, rastra, Sara, arrasar,* etc. Si pronuncias la palabra *parar,* por ejemplo, los chicos que tienen esas letras deben alinearse rápidamente frente a ti de manera que las tarjetas deletreen *rarap*.

Juegos de relevos. Corran cualquier tipo de carrera de relevos que deseen, solamente que deberán hacerlo al revés.

Pásalo por detrás. Los equipos se alinean hombro contra hombro. Varios objetos deben pasarse a lo largo de la fila de jugador a jugador, por detrás de sus espaldas. El primer equipo en pasar un cierto número de objetos a lo largo de toda la fila será el ganador. Para mayor diversión, intenta utilizar vasos de agua. Derramar el contenido estará penalizado, sumándole puntos al equipo (recuerda que todo es al revés y los puntos se restan).

48. NOCHE DE FIESTA

Si tienes la posibilidad de programar una actividad parecida a la fiesta de Navidad de la escuela secundaria, o a la fiesta de graduación de fin de año... ¡diviértete haciéndolo! Sírveles a tus jóvenes una cena en un lugar inusual (la azotea de la iglesia, una piscina vacía o un terreno desocupado). Pide prestado el automóvil más lindo que tenga algún miembro de la iglesia, y sirve de chofer para los chicos. Busca alguna alfombra roja y colócala donde los jóvenes subirán y bajarán del automóvil. Solicítale también a un cómplice que filme todo lo que ocurra. Concluye la noche a bordo de un camión (limpio) de carga y descarga, o incluso de un camión de bomberos si puedes conseguir uno.

Haz como que tus jóvenes son de la realeza, y luego deja que tu imaginación vuele y enloquezca a fin de proporcionarles una noche que jamás olvidarán.

49. COMPETENCIA DE SECADORES

Para esta fiesta temática pide a los chicos que traigan sus propios secadores de cabello, y organiza juegos como los siguientes (e inventa algunos tú mismo):

Relevos del secador. Indica a los chicos que se dividan en equipos con igual número de varones y de mujeres para hacer relevos. Los jugadores corren de uno en uno hacia un gran cubo lleno de agua, sumergen su cabeza dentro y empapan sus cabellos. Corren de vuelta hacia sus equipos, donde dos compañeros de equipo, con sendos secadores, les secan el cabello lo más rápido posible. Un líder juzgará cuándo el cabello está lo suficientemente seco como para que salga el próximo participante. El primer equipo en terminar será el ganador.

Relevos de pelotitas de ping pong. Para este juego necesitarás cables alargadores. Los chicos intentarán llevar con el viento de sus secadores una pelotita de *ping pong* hasta un punto, hacer que dé la vuelta y volver para que salga el siguiente jugador. Se organiza como una carrera de relevos y el primer equipo en terminar, gana.

Soplando la vela. Organiza un concurso para determinar cuál es el secador de cabello más potente. Coloca velas a diferentes distancias (30 cm., 45 cm., y así sucesivamente). A cada distancia, los participantes intentan apagar la vela con sus secadores. El que permanece más tiempo en el juego (porque tiene el secador más potente o la mejor puntería), gana.

50. VERANO SÍ ESCUELA NO

La mayoría de los chicos disfrutarán si organizas una fiesta para celebrar que terminaron las clases y que el verano comienza. Los juegos podrían incluir:

Relevos en el pizarrón. Divídanse en equipos. Un jugador de cada equipo corre al pizarrón y escribe "PROMETO ESTUDIAR MÁS EL AÑO PRÓXIMO"; luego retorna a su asiento y comienza a correr el próximo jugador del equipo. El juego continúa como cualquier carrera de relevos, y el primer equipo en terminar gana.

Competencia de desaprender. Cada equipo debe proponer la manera más creativa de olvidar todas las cosas aprendidas durante el año (¡las que todavía recuerden!).

Lista de excusas. Cada equipo intenta escribir la mayor cantidad de excusas por no haber entregado la tarea a tiempo.

Competencia de hacer globos con chicles. El maestro (uno de tus colaboradores) le vuelve la espalda a la clase. Cada chico recibe un chicle y comienza a hacer globos a espaldas del maestro. Cuando el maestro se vuelve de cara a la clase, el globo más grande que ve gana.

Fogata de apuntes. Los chicos deberán traer todos los apuntes de clase que no deseen conservar y prenderles fuego.

51 FIESTA DE FOTOGRAFÍAS

Esta es una buena idea para una fiesta con el tema de las fotografías. A continuación, encontrarás algunas ideas para la fiesta, pero no te limites a ellas. Es posible incluir cualquier actividad que incorpore el uso de fotografías.

Foto invitaciones. Para la publicidad, envía una foto del lugar de la fiesta, junto con otros detalles escritos detrás.

Acertar a la foto del bebé. Los chicos deberán traer una foto de cuando eran bebés. Reúnelos y coloca las fotos en la pared o en la cartelera de anuncios. El primer juego, entonces, podrá ser identificar a cada bebé. También puedes adjudicar premios para que los chicos voten al bebé más bonito, al más sonriente y así sucesivamente.

Búsqueda del tesoro con fotos. Distribuye revistas, divide a tus chicos en equipos reducidos para esta búsqueda del tesoro y entrega a cada equipo una lista de fotos que deberán encontrar. Las fotos pueden incluir

cosas como: un Toyota 1990, un reloj Rolex, una familia de vacaciones, alguien que luzca gracioso (juzguen cuál es el más gracioso), un pescado, un grupo de más de 25 personas (el que encuentre la mayor cantidad de personas en una foto, gana), alguien haciendo algo heroico, y así sucesivamente.

Identificando fotos. Fotografía con anterioridad diversos lugares de los alrededores y haz que los chicos descubran de qué lugares se trata. Algunos podrán ser sencillos y otros difíciles de identificar. Otorga puntos de acuerdo al grado de dificultad.

Retrato de grupo. Para cerrar el evento, toma una fotografía de todo el grupo. Consigue un fotógrafo profesional para hacerla. Que el grupo pose para una fotografía seria y otra divertida. Encarga copias que los chicos puedan guardar en su álbum de recuerdos. Teniendo en cuenta que tomarás esta fotografía, sería deseable anunciar la reunión con bastante anticipación, de modo que todos estén presentes para las tomas en grupo.

52. SORPRESA CON EL ALTAVOZ

Esto es algo que un grupo de jóvenes puede hacer fácilmente y que genera interesantes recuerdos). Todo lo que se necesita es un teléfono celular con altavoz, y luego comienza a hacer llamadas inolvidables:

- Llamen a los miembros del grupo que no están presentes esa noche en el grupo de jóvenes

- Lleva el teléfono con altavoz a un retiro y todas las noches permite que uno de los jóvenes llame a sus padres

- Encuentra a un padre o una madre que cumpla años esa noche, y haz que todo el grupo le cante *Feliz cumpleaños*

- Llamen a un miembro del grupo que está en el hospital

- Llamen a los padres del pastor de jóvenes, y pregúntenles cómo era el líder durante la adolescencia

- Llamen a un joven ya graduado del grupo que está lejos en la universidad

53. CÍRCULO DE AFIRMACIÓN

La mayoría de los jóvenes que conocemos anhela recibir estímulo y apoyo, en especial de parte de sus compañeros. Puedes ayudar a satisfacer esta necesidad con un estímulo que cambiará sus vidas. Se trata de separar un momento durante la última noche de un campamento o de alguna actividad especial del grupo para que tus jóvenes se afirmen unos a otros mencionando las distintas cualidades de carácter de cada uno.

Si es posible, organiza a los chicos en grupos de no más de doce integrantes. Proporciónale a cada uno un lápiz y tantas tarjetas como personas haya en el grupo. Luego pídeles que escriban una, dos o tres cualidades (dependiendo del tamaño del grupo y del tiempo que dispongan) que aprecien las cualidades de cada uno de los integrantes de su pequeño colectivo (en cada tarjeta deben estar los rasgos característicos de una sola persona). Luego reúnelos a todos en un círculo y elige a alguien para ser afirmado. Los miembros de su grupo leerán lo que han escrito sobre esta persona, y luego le darán sus tarjetas como un recordatorio de esas palabras de estímulo y afirmación. Haz esto con todos los integrantes. Te sorprenderá ver cómo el estímulo genuino de los compañeros puede afectar al grupo de jóvenes entero.

54. LLÉVALO A LA CRUZ

El perdón que Jesús otorga puede ser difícil de comprender. Por lo tanto, ayuda a los jóvenes a visualizarlo durante un campamento o programa especial, haciendo que escriban anónimamente en un papel uno o varios pecados con los que están luchando en la actualidad. Luego de tu charla sobre el perdón, trae al frente una cruz de madera rústica que habrás armado antes de la reunión, colocando a sus pies un martillo y una caja de clavos pequeños. Invita a los jóvenes a pasar al frente y clavar sobre la cruz las confesiones que escribieron.

Esta es una forma visual (y quizás emocionalmente intensa) de que los chicos entiendan el perdón de Jesús y el poder que él tiene para brindarles una nueva oportunidad.

55. ENTREVISTA A UN FAMOSO

Utiliza el altavoz de tu teléfono para añadir a una reunión una entrevista en vivo. Probablemente puedas acordar alguna entrevista telefónica con alguien famoso en algún rubro como el deporte, la comunicación, las artes, etc. (muchas iglesias cuentan en su membresía con personas de este tipo).

Por ejemplo, un líder de jóvenes podría enfocar su tema hacia el deporte, hablando de un determinado jugador que los chicos conozcan (y que sepas que asiste a una iglesia), y mientras intercambian ideas sobre su juego y el equipo en el cual milita, decirles: "Pensé que podría interesarles hablar con él". Y allí mismo, en el teléfono, tener al jugador, con quien los chicos puedan tener la posibilidad de conversar y hacerle preguntas, aprovechando ese momento especial. Por supuesto, esto requiere mucho trabajo (y no todas las personas conocidas estarían dispuestas a cooperar), pero por el resultado de tal recuerdo, bien vale la pena intentarlo.

56. NOCHE DE PIRATAS

Invita a tus jóvenes a este evento con carteles y mapas del tesoro recortados de bolsas de papel. Para alentar la participación, los chicos que vengan con un atuendo temático podrían recibir un premio especial.

Construye una determinada cantidad de cofres del tesoro (pueden ser cajas de cartón decoradas para la ocasión), y dentro de ellos coloca monedas de chocolate y un versículo bíblico que hable de algún tesoro dentro de cada cofre. Puedes utilizar los siguientes versículos: Proverbios 2:1-5, Isaías 33:6, Mateo 6:21, Mateo 13:44, Lucas 12:44, Éxodo 19:5, Malaquías 3:17, 1 Crónicas 29:3, Proverbios 10:2 y Mateo 6:19-21.

Esconde los cofres del tesoro en distintos lugares del salón de reunión y prepara muchas pistas. Asegúrate de que haya suficiente cantidad de biblias. Las decoraciones pueden incluir barcos de piratas, un gran cofre del tesoro, redes de pescar y monedas de oro (fichas redondas envueltas en papel metalizado). Para el refrigerio, ofrece jugo de manzana (que parece cerveza) y sándwiches con palillos de banderitas piratas.

La primera parte de la tarde consistirá en la búsqueda de los tesoros. Entrega a cada chico una hoja con claves bíblicas para encontrar los cofres del tesoro que escondiste. Si lo preparas con un grado de dificultad que sea desafiante, la búsqueda podrá durar alrededor de una hora. Cuando todos los cofres hayan sido hallados, los adolescentes vuelven a reunirse para la lección. Lean y analicen todos los versículos bíblicos que hallaron en los cofres del tesoro.

Durante el refrigerio, diviértanse cantando algunas canciones marineras.

57. ILUSTRA CON TUS JÓVENES

Si eres de los que tienen un libro de ilustraciones para sermones, ¡déjalo de lado y mira a tu grupo! Tus jóvenes pueden ser una fuente mucho más rica que cualquier libro para ilustrar tus lecciones. De esta forma, ellos sentirán no solo que los tienes en cuenta, sino también que los valoras, de modo que lo recordarán por un buen tiempo.

De acuerdo; suena simple, pero inténtalo. Sorprende a uno de tus jóvenes haciendo algo bueno, preséntalo como un ejemplo y utiliza este incidente a fin de ilustrar lo que quieres decir. Por ejemplo, si tu texto es Lucas 11:5-8 y deseas ilustrar la persistencia, podrías comentar: *Tal vez escucharon que a Pablo lo sacaron del equipo de fútbol de su escuela. Le pregunté cómo se sentía, y su honestidad me sorprendió. Me dijo que seguramente no merecía estar en el equipo, porque su estado físico no era lo suficiente bueno. También me dijo que desea estar en el equipo el año que viene y sabe que esto implicará realizar un entrenamiento específico y persistente. Pablo no se dará por vencido con su sueño.*

Te sorprenderá ver cuántas ilustraciones se presentan en el grupo de jóvenes cada semana y cuán alentador es para el grupo y los jóvenes en particular.

58. TERCERA DE TIMOTEO

Podríamos decir que Pablo fue como un hermano mayor para el joven pastor Timoteo, quien probablemente leyó las dos cartas de su apostólico mentor con respeto y admiración por los acertados consejos que este cristiano más viejo le daba. Esta misma relación que tenían Pablo y Timoteo se da a menudo dentro del grupo de jóvenes, aunque quizás no siempre resulte tan obvia, ya que los jóvenes de menor edad rara vez admiten que admiran a un compañero mayor. Sin embargo, nosotros sabemos lo efectivo que es el ministerio entre amigos y cómo los jóvenes se escuchan más los unos a los otros que a un adulto. Aprovecha esta tendencia pidiéndoles a algunos de tus jóvenes mayores que le escriban una carta al grupo de jóvenes.

Quizás podrías pedírselo de esta forma: "Si pudieras decirle algo al grupo, ¿qué le dirías?". Si tu grupo es muy grande, quizás puedas solicitar que cada uno de los jóvenes mayores le escriba a una clase en particular. En el momento en que estos jóvenes se gradúen, haz que lean estas cartas de despedida en voz alta delante de todo el grupo. Algunas de ellas pueden ser dignas de ser enmarcadas y colgadas en el salón.

IDEAS

para eventos con alimentos

Si hay algo que los chicos aprecian y disfrutan es la comida. Aquí encontrarás muchas versiones divertidas de las famosas cenas progresivas, algunos banquetes elegantes y, por supuesto, montones de festejos muy informales.

59. NOCHES PARA HORNEAR

Resulta imposible equivocarte cuando utilizas una idea que incluye comida. Busca una buena receta de pastel para moldes bajos y galletas grandes, y pasa una tarde cocinando y decorando.

Prepara toda clase de elementos para decorar, como confites, cobertura, grana, etc. Alienta los diseños individuales creativos o desafía a los chicos a decorar todo de acuerdo con un tema en particular. Si fuera posible, prepara un poco de más para llevar a personas que por alguna enfermedad o limitación física no pueden salir de su casa, o a la familia del pastor.

60. PREPARA TU PROPIA ROSQUILLA

Esta idea rompe con la rutina del refrigerio de jugo y galletas, y resulta además una actividad divertida. Comienza con varios paquetes de mezcla preparada para bizcochos (que se consigue en muchos supermercados), moldea los bizcochos con forma de rosquillas e introdúcelas en una sartén con 2,5 cm. de aceite hirviendo. Voltéalas cuando sea necesario, y sácalas una vez que estén doradas.

Prepara de antemano una variedad de ingredientes. El chocolate derretido o algún dulce resultan adecuados como cobertura, sobre la cual se pueden espolvorear pequeños confites, coco rallado o azúcar granulada. El secreto está en permitir que cada persona pueda crear su propia rosquilla con los ingredientes disponibles.

Sírvelas con chocolate caliente en invierno, o con té y café, en verano, como una forma agradable de entrar en calor después de un evento al aire libre. Asegúrate de tener suficiente cantidad de mezcla para bizcochos a mano, ¡porque las rosquillas se acabarán rápido!

61 POSTRES CREATIVOS

Los jóvenes se dividirán en pequeños grupos de tres o cuatro integrantes cada uno. Deberás tener a mano una cantidad de moldes para hornear y otros recipientes de diversos tamaños y formas, y además los siguientes ingredientes: azúcar, manteca, margarina, aceite, huevos, leche, sal, queso, harina, polvo para hornear, bicarbonato de sodio, latas de fruta para rellenar pasteles, miel y canela.

Cada grupo deberá preparar un postre utilizando cualquiera de los ingredientes disponibles, pero ninguno de ellos dispondrá de una receta, sino que deberán crear la suya propia. Pide a cada grupo que escriba su receta (solo para que quede registrada), y ayúdales a utilizar los hornos de la cocina de la iglesia para hornear sus creaciones. Cuando todos hayan terminado, sirve los postres al grupo y adjudica premios de acuerdo con varias categorías: el de mejor sabor, el de mejor aspecto, el más creativo, el más repugnante, el más quemado, el más difícil de masticar, o lo que sea.

62. SUBASTA SOCIAL CREATIVA

Se basa en el modelo de una conocida actividad en la cual cada una de las chicas prepara alguna comida para subastar, y los chicos ofertan para comprar una de ellas sin saber qué chica la preparó; luego la comparten con esa chica. De igual modo, las chicas luego ofertan por postres que prepararon los chicos.

En este caso, se llevará a cabo la subasta con dinero de mentira, y todos se harán de ese dinero al comienzo del evento, antes de empezar la subasta, y de acuerdo a cómo contesten varias preguntas triviales. Por ejemplo, dirás: "Cincuenta pesos por cada provincia en la que hayas vivido", entonces tú y algunos de tus ayudantes escucharán las respuestas de los chicos y repartirán el dinero según corresponda. Entregarás el dinero generosamente y de manera extravagante. Todos los chicos deberán tener gran cantidad de dinero para la subasta; así se divertirán mientras van ganándolo.

Además de contestar preguntas sobre la Biblia, otras formas de ganar dinero podrían ser las siguientes (adáptalo a tu moneda local):

- $50 por cada arreglo dental en tu boca

- $100 si te cepillaste los dientes antes de venir a la fiesta

- $100 si te has duchado en algún momento durante las últimas cuatro horas

- $100 para todos los que estén usando ropa interior de un color que no sea negro o blanco

- $50 por cada viaje de tus padres al hospital, llevándote porque te diste un golpe

- $50 por cada par de calzado deportivo que tengas

- $100 si tienes puestos calcetines

- $100 si te cortas las uñas y no te las muerdes

- $100 por cada anillo que tengas puesto

- $100 si hoy has usado hilo dental

- $500 si hoy te despediste de tu mamá con un beso

63. CENA DEL PATRIMONIO FAMILIAR

Con el objetivo de ayudar a los chicos a relacionarse más dentro de su propio trasfondo familiar, y para facilitar que hablen sobre ese tema con los demás miembros del grupo, intenta esta variante de la vieja cena para compartir:

Cada persona deberá traer al evento un plato que represente la cultura de sus antepasados. Casi todos tenemos raíces en alguna otra nacionalidad, y esto podría estar precedido por alguna investigación sobre el árbol genealógico familiar. Si una persona tiene varias nacionalidades entre sus antepasados, entonces podría elegir una de ellas. Si una persona no conoce ninguna comida representativa de sus antepasados, entonces necesitará investigar más.

Además de la comida, los chicos deberían traer algún tesoro familiar o algún objeto preciado, fotografía u otra cosa interesante que se haya ido transmitiendo de generación en generación, y tendrá que estar preparado para contar la historia. El objeto no será algo de valor, salvo en lo que hace a la historia que lo acompaña. Una extensión adicional a esta idea sería que cada chico trajera o contara acerca de un objeto que él o ella espera que pase a las generaciones futuras y sea recordado. Podrías hacer que cada uno pensara en sí mismo como si fuera su propio nieto, y entonces hablara acerca de "Mi abuela..." o "Mi abuelo...". ¿Qué clase de herencia esperas dejarle a tu futura familia? De esto puede surgir una buena discusión y un momento enriquecedor para compartir juntos.

64. CENA PROGRESIVA INTERNACIONAL

Busca varios hogares que puedan recibir a tus chicos. Decora cada hogar de acuerdo con los emblemas nacionales del plato que se servirá allí. Consigue algunas mesas de jugar a las cartas y transforma el sótano de alguna casa en la vereda de un café francés. Transforma la sala de otra casa en un restaurante italiano (en las panaderías locales se pueden conseguir panecillos de diferentes variedades para acompañar las pastas con salsa de tomates).

Luego, en la siguiente casa, divide la planta alta y la planta baja. Arriba alguien puede estar sirviendo *chop suey* o algún otro plato oriental, mientras abajo la especialidad será salchichas con *chucrut*.

Al volver a la iglesia, puedes tener preparada una escenografía hawaiana, con tarta de piña como postre. Puedes intercalar *sketchs* y devocionales en cada escala, o reservarlos para el final. Si lo deseas, esta es una idea genial para darle un énfasis misionero.

65. CELEBRACIÓN GELATINOSA

Organiza una reunión con juegos de gelatina tales como los que se listan a continuación. Con un poco de imaginación, podrás crear muchos más.

Esta es una receta para fabricar cuadrados de gelatina (una versión más resistente que la habitual para utilizar en los juegos): 3 cajas de 180 g c/u de gelatina, 4 sobres de gelatina sin sabor y 4 tazas de agua hirviendo. Combina todos los ingredientes en un recipiente grande, colócalo dentro de un molde para tortas rectangular y refrigéralos. Una vez que se solidifique la preparación, córtala en cubos.

El juego de los nombres. Para amenizar las presentaciones, prueba este juego. La primera persona dirá su nombre, nombrará un sabor de gelatina que haga juego con un color de su ropa y dirá un  ingrediente para agregar a la gelatina que comience con la misma letra que su nombre. Ejemplo: *Florencia, lima, fresas*. La segunda persona debe hacer lo mismo, y luego agregar las tres palabras que dijo la primera persona. La tercera persona hará lo mismo, agregando las palabras que dijeron las otras dos también, y así sucesivamente hasta terminar con el último participante.

Relevos come-gelatina. Forma dos equipos de postas y alinéalos. Coloca un cuadrado de gelatina en un plato de cartón sobre el suelo frente a cada equipo, a unos 10 metros de distancia. Los integrantes de los equipos, por turnos, correrán hacia el plato, comerán la gelatina y correrán de regreso, todo con las manos detrás de sus espaldas. Alguien estará cerca de los platos para ocuparse de reponer el cuadrado de gelatina a medida que vayan comiéndoselos. El primer equipo en lograr que todos sus integrantes completen la carrera será el ganador.

Relevos de dos dedos. Forma dos o más equipos de relevos y haz que los jugadores se unan por pares dentro de cada equipo. Por turno, cada pareja deberá recoger un cuadrado de gelatina de un plato de papel, donde cada miembro de la pareja utilizará para ello un solo dedo. Juntos deberán llevar el cuadrado a lo largo de un recorrido predeterminado y volver al punto de partida. Luego, uno de los miembros debe comerse la gelatina antes de que la próxima pareja pueda comenzar. Si el cuadrado se cae, deben volver a levantarlo y continuar, siempre usando solo un dedo cada uno. El primer equipo que logre que todos sus integrantes completen el recorrido será el ganador.

Relevos de lengua. Forma equipos de relevos. Cada persona debe correr hasta el punto determinado, colocar un cuadrado de gelatina sobre su lengua y regresar al punto de partida sin dejarlo caer.

La temida caída libre. Forma equipos de relevos. La primera persona de cada equipo debe acostarse en el suelo a unos 10 metros de la salida. A la orden de partir, la segunda persona de cada equipo corre hasta la cabeza de su compañero acostado, toma un cuadrado de gelatina, lo sostiene con el brazo extendido a la altura de su hombro y lo deja caer dentro de un vaso de papel colocado sobre la frente del que está en el suelo. Si yerra el tiro, el jugador debe recogerlo e intentar otra vez, continuando hasta que acierte el tiro. Cuando la persona que está en el suelo logra atrapar la gelatina, regresa al punto de partida. La persona que estaba dejando caer la gelatina toma entonces la posición que tenía su compañero en el suelo, y la siguiente persona en la fila será la que dejará caer la gelatina. La carrera termina cuando todos en cada equipo hayan logrado atrapar la gelatina y la última persona haya regresado a la línea de partida.

Laberinto de gelatina. Despliega una gran lámina de tela plástica sobre el suelo y coloca en ella una cantidad de cuadrados de gelatina distribuidos al azar. Dos equipos se alinean a lo largo de lados opuestos de la tela plástica. El desafío consiste en que los integrantes de los equipos deberán caminar de uno en uno desde un extremo del recorrido hasta el otro tan rápidamente como sea posible sin pisar ninguna gelatina. Los jugadores deberán quitarse las medias y los zapatos, y la tarea se hará más difícil haciéndolos andar el recorrido con los ojos vendados y sin separar las rodillas. A cada jugador se le vendan los ojos, se le hace girar sobre sí mismo tres veces y se lo encamina en la dirección correcta. Los miembros del equipo pueden ayudar a los jugadores gritándoles las instrucciones, pero los del equipo opuesto también pueden hacer que se extravíen dándoles instrucciones falsas. Los jugadores son cronometrados desde el momento en que comienzan hasta que cruzan la línea de llegada. Se les penaliza con cinco segundos adicionales por cada gelatina que pisan o por cada vez que pisan fuera de la lámina de plástico. Coloca una silla, un trapo húmedo y una toalla junto a la línea de llegada. Para más diversión, permite que el equipo contrario cambie la disposición de las gelatinas después de que al jugador se le hayan vendado los ojos.

Mosaicos de gelatina. Divide a tus chicos en grupos de tres o cuatro integrantes, y entrégale a cada grupo un cuchillo y una bandeja con pequeños cuadrados de gelatina de distintos colores. Cada equipo deberá crear un mosaico con los trocitos de gelatina, empleando crema batida para darle los últimos detalles. Entrega premios a las mejores obras de arte, y luego cómanlas todas.

Publicidades de gelatina. Consigue varios periódicos repetidos, todos ellos copias de la misma edición y preferentemente de una que tenga muchas publicidades de supermercados. Algunas veces los periódicos locales tienen un día a la semana en que publican muchos anuncios de alimentos y productos de almacén. También puedes conseguir revistas en los supermercados, de esas en las que anuncian sus productos y ofertas de la semana. Revisa un ejemplar de cada periódico y revista con anticipación, intentando encontrar todos los anuncios de gelatina que puedas. Recórtalos y cuélgalos en un letrero en un lugar visible.

Para comenzar el juego, haz que los equipos se formen en fila. Colocarás una copia del periódico o revista que hayas escogido a unos cinco metros de distancia de cada equipo. A la señal de comienzo, los participantes correrán de uno en uno hasta el periódico o revista, intentarán encontrar alguno de los avisos que tú recortaste y pegaste en el letrero, y regresarán para que salga el siguiente corredor. El primer equipo en conseguir todos los avisos será el ganador. Debería haber como mínimo tantos avisos diferentes como jugadores haya en cada equipo.

Clavando la gelatina al árbol. Fabrica gelatina en moldes de 20 cm. x 20 cm. y alrededor de 12 mm. de espesor. Déjala enfriar. Alrededor de media hora antes de que sea necesaria, saca la gelatina del refrigerador y colócala en el congelador. Cuando estés listo para comenzar la competencia, saca la gelatina del congelador y córtala en cuadrados de 2,5 cm. de lado. Reparte a los equipos clavos con los cuales deberán clavar sus gelatinas. Utiliza un poste de madera como si fuera un árbol. El equipo con la mayor cantidad de cuadrados clavados sobre el poste en un minuto será el ganador.

Alimentándose mutuamente. Cada equipo elige dos parejas para competir. Se sientan en sendas sillas el uno frente al otro, se les vendan los ojos y se les coloca una toalla alrededor del cuello. Se entrega a cada uno un plato de gelatina y deberán darse de comer el uno al otro. La primera pareja en terminar gana.

Llena ese balde con gelatina. Forma a cada equipo en filas para una carrera de relevos. Entrega una cuchara a la primera persona de cada fila. Coloca cuadrados de gelatina de 2,5 cm. de lado sobre platos en un extremo del recorrido. En el otro extremo del recorrido, coloca baldes o cubetas. La primera persona de cada equipo debe colocar su cuadrado de gelatina sobre la cuchara, correr hacia el balde de su equipo, dejar caer la gelatina en el balde, regresar y entregar la cuchara a la próxima persona de la fila. El primer equipo que logre colocar todos sus cuadrados en el balde será el ganador. Si la gelatina se cae, la persona deberá volver al comienzo.

Letras y sabores. Prepara un juego de letras del abecedario para cada equipo. Saca las letras que no se vayan a necesitar, agrega las letras que se repiten si es necesario y luego repártelas entre los miembros de cada equipo.

Dibuja un gran triángulo en el suelo si son tres equipos, un gran cuadrado si son cuatro, y así sucesivamente. Luego, haz que cada equipo se pare sobre uno de los bordes de la figura que dibujaste. El juego se desarrollará de la siguiente manera: cuando tú digas un sabor de los que tienen las gelatinas (por ejemplo, *frambuesa*), aquellos jugadores de cada equipo que tengan esas letras deberán correr a escribir esa palabra, parados en línea de frente a su equipo. El primer equipo que logre escribir correctamente la palabra ganará 10 puntos. Cuando termines de nombrar todos los sabores de la lista que hayas preparado, el equipo con la mayor cantidad de puntos será el ganador.

El corredor de gelatina. El equipo perdedor recibirá este "premio". Despliega una lámina de tela plástica sobre el suelo. Los otros equipos se alinearán a cada lado formando un pasillo o corredor. A los perdedores se les vendarán los ojos e irán descalzos. Deben caminar por el pasillo mientras los otros equipos los guían gritándoles las instrucciones sobre dónde pisar y dónde no. Sobre el camino de plástico habrás colocado cucharadas o bloques de gelatina en diversos lugares. Entrega un premio a la persona que logre cruzar el corredor sin pisar ninguna gelatina.

66. CENA MISTERIOSA

Cuando todos hayan llegado, se le entregará a cada chico una hoja de pedido. En la hoja de pedido habrá una lista de unas 20 cosas diferentes que se servirán, pero esas cosas figurarán con nombres tales que nadie en realidad sabrá realmente qué son. Por ejemplo, un trozo de pollo podría llamarse "porquería crujiente", o una porción de helado podría llamarse "desparramo blanco", o bien podrías traducir las descripciones a otro idioma (digamos, chino) si tienes algún amigo bilingüe. Todo tendrá su nombre y estará escrito en la lista, incluidos los cubiertos. Para hacer el pedido, cada chico deberá elegir cuándo desea que le sirvan cada cosa. La hoja de pedido tiene lugares para asignar a cada cosa, ya sea *primer plato, segundo plato, tercer plato* o *cuarto plato*.

Una vez que se hayan hecho los pedidos, se le servirá a cada persona el primer plato. Resulta mejor contar con un equipo de meseros que tomen los pedidos y sirvan los platos. Al no saber realmente qué es lo que ha pedido, una persona puede recibir una patata asada, un tallo de apio, una bocha de helado, un cuchillo o algo de gelatina como primer plato. Antes de poder recibir su segundo plato, debe terminar el primero. Los resultados generalmente son muy divertidos.

67. MODERNA SUBASTA SOCIAL

Esta es similar a la subasta social antigua (las chicas preparan comidas para dos personas, los chicos ofertan en una subasta por las comidas sin saber quién preparó cada una, y luego cada chico comparte la comida que ganó con la chica que la preparó), excepto que en este caso son los chicos los que preparan las cestas con almuerzos para dos, y las chicas son las que ofertan. Si se les alienta lo suficiente, algunos chicos se esmerarán y traerán platos sofisticados, manteles, velas, música melódica y cosas por el estilo. Las chicas pueden traer alimentos enlatados (que después se donarán a una institución benéfica o a una familia necesitada) y ofertarán por los almuerzos utilizando las latas como dinero. El valor de las latas será el que figure marcado sobre ellas.

68. FIESTA DE PIZZAS PERSONALIZADAS

Los chicos recibirán masa para pizza y todos los ingredientes que se pueden poner sobre ellas, y crearán sus propias pizzas personales. Cada persona recibe un bollo de masa y lo moldea con un diseño creativo, pero el único requisito será que la pizza deberá tener un reborde de manera que la salsa no se escurra hacia afuera. La pizza puede decorarse con aceitunas, hongos, queso, *pepperoni*, anchoas y cosa similares. Mientras se hornean estas creaciones, se pueden organizar otros juegos. Cuando estén listas, se evaluarán y se otorgará un premio a la pizza más creativa. ¡Luego, a comer!

69. OLIMPÍADAS DE LA SANDÍA

Este es un buen evento para el verano: ¡organiza unas *olimpiadas de la sandía* para toda la familia! Cada familia deberá traer una sandía y un almuerzo para el *picnic*. Algunos juegos posibles son:

Al rescate de las sandías. Se esconden todas las sandías y se divide a los participantes en dos grupos: los *agarradores* y los *atracadores*. Los agarradores salen para tratar de ubicar y traer de vuelta una sandía a la base sin ser sorprendidos por los atracadores. Si son atrapados, deben dejar la sandía en el lugar en el cual fueron alcanzados e ir a la cárcel durante tres minutos. Los agarradores solo pueden ser atrapados mientras están llevando una sandía. Cuenten cuántas sandías pudieron ser traídas con éxito a la base dentro de un cierto tiempo, y luego se intercambiarán los grupos.

Carrera de sacos con sandías. Es igual que una típica carrera de sacos, solo que los participantes deberán llevar consigo una sandía mientras saltan con los dos pies dentro del saco.

Sandías en equilibrio. Cada equipo tiene una sandía y una raqueta de tenis. Los jugadores deben llevar la sandía sobre la raqueta hasta una meta y regresar. Los jugadores pueden sostener la raqueta de la manera que deseen, pero no pueden tocar la sandía con ninguna parte del cuerpo.

Comiendo y escupiendo. Corta las sandías en secciones y colócalas sobre una mesa. Cada equipo recibe un vaso descartable. Al dar la señal, los equipos comenzarán a comer sandía y a escupir las semillas dentro del vaso. El equipo que primero llene su vaso será el ganador.

70. EL LAZO QUE UNE

La idea de esta cena se basa en el tema de la unidad. Si se come en mesas circulares, entonces une con una cinta los brazos izquierdos de todos los comensales, de modo que tengan que cooperar para comer. Si las mesas son rectangulares, ata solo los brazos izquierdos de las personas que estén en un mismo lado de la mesa. No los conectes con los brazos de las personas del lado opuesto. Sirve un menú simple, como emparedados y patatas fritas. Puedes crear un *sketch* o hacer una breve presentación sobre el tema de la comunidad, la cooperación y la dependencia mutua. No te sorprendas si nadie aplaude.

IDEAS

para eventos especiales con propósito

Seguro, los eventos divertidos lo son y mucho, pero cuando un evento beneficia de manera significativa a los miembros de tu grupo o a otras personas en la comunidad, entonces esto puede ser moral o espiritualmente más importante que la pura diversión. Aquí encontrarás algunas ideas diseñadas para producir un impacto a largo plazo en las vidas de todos los involucrados.

71. DESASTRE PREPARADO 1: EL EXTRAÑO DEL CAMINO

¿Cuál es el "coeficiente de compasión" de tu grupo? Si estás listo para organizar un retiro acerca de este tema, piensa en la posibilidad de comenzarlo de la siguiente manera. En el camino hacia el retiro, haz que el autobús se dirija hacia una persona a quien se le ha descompuesto su automóvil (mientras más feo y viejo sea el vehículo, mejor). Detén el autobús y ofrécele al conductor varado que suba (sin que nadie sepa que la persona a la que estás recogiendo es en realidad el orador del retiro). Si es posible, haz que el orador se vea tan desastroso como el automóvil (sucio, con mal olor, sin afeitar, y que también actúe un poco extraño).

Cuando estés por llegar al lugar de la reunión, haz que el "extraño" se baje en algún sitio donde pueda "encontrar ayuda" y continúen su camino hacia el retiro. Mientras tanto, el orador se aseará y llegará al campamento (quizás con la ayuda de uno de tus voluntarios).

Cuando comience la primera reunión, presenta al orador y diles a tus jóvenes quién era en realidad ese "extraño". Permite que la base del retiro sea reflexionar sobre cómo mostraron o no compasión hacia esta persona. Te aseguro que la compasión se transformará en mucho más que un tema del retiro para ellos.

72. DESASTRE PREPARADO 2: SE DESCOMPONE EL AUTOBÚS EN LA CIUDAD

En esta ocasión es el autobús el que se descompone en alguna zona mala de la ciudad, en la cual tú has hecho arreglos de antemano (sin que se enteren los jóvenes) para que los chicos pasen la noche en un asilo para gente desamparada. Por supuesto, asegúrate de informarles en secreto a los padres sobre todo esto, o si no el próximo desastre preparado será la finalización de tu tarea como pastor de jóvenes.

73. SUPERCURSO

Esta idea fue pensada para brindarles a los jóvenes muchas horas de capacitación por parte de profesionales de distintas áreas a lo largo de todo un año escolar. Se le cobrará a cada participante un monto de dinero en concepto de inscripción (para pagarle a los oradores, etc.), pero puedes conseguir patrocinadores y cubrir el costo del curso para aquellos chicos que deseen asistir y no puedan pagarlo.

El *supercurso* tendrá lugar dos o tres horas seguidas por semana, tal vez los domingos por la tarde, o alguna noche durante la semana. La idea es exponer a los chicos a diferentes personas y oportunidades que normalmente no forman parte de la currícula en una iglesia. Un grupo, por ejemplo, tendría las siguientes clases: técnicas de improvisación, expresión teatral, técnicas creativas para la resolución de problemas, ética, cómo comunicarse de manera eficaz.

Una inscripción formal, exámenes, una entrega de diplomas a fin de año, etc., ayudarán a convertir esta idea en un verdadero éxito. Tal vez desees intentar otras variantes:

Bellos por dentro y por fuera. Averigua qué cosas pueden interesarles más a tus chicos en el área de mejorar su aspecto personal y organiza un evento con talleres interactivos titulados *Bellos por dentro y por fuera*. Busca oradores y facilitadores para ofrecer distintos talleres como: postura y ejercicio, cuidado del cabello, maquillaje personal y cuidado de la piel, modales y etiqueta, etc. Intenta hablar con escuelas, bibliotecas públicas, hospitales, academias de peluquería, salones de belleza y lugares por el estilo; muchos de ellos pueden estar dispuestos a enviarte un conferencista gratuitamente. Y no olvides que puede haber personas en tu congregación que tengan experiencia en alguna de estas áreas.

El evento puede realizarse a lo largo de todo un día o en horarios más reducidos a lo largo de varios días. Planifica varios recesos a lo largo del día para ofrecer refrigerios a los presentes. No olvides grabar todo en un vídeo a fin de volver a verlo más adelante y para aquellos que no hayan podido asistir. Asegúrate de tener bastantes voluntarios de modo que te ayuden a promocionar el evento, a prepararlo y a ordenar y limpiar todo al finalizar. Por último, pídeles a todos los participantes que completen una breve encuesta antes de retirarse para ayudarte a planear el próximo evento.

La mejor de todas. Bríndale un poco de atención especial a las muchachas en tu grupo con una mañana de actividades diseñada especialmente para ellas (y sus amigas). Puedes llamar a esta actividad *La mejor de* *todas* en referencia a la cita de Proverbios 31:29: «¡Hay muchas mujeres ejemplares, pero tú eres la mejor de todas!»".

La jornada se enfocará en ayudarlas a desarrollar o potenciar las cualidades y habilidades necesarias para la vida de la mujer moderna. Comiencen el día con un desayuno y un devocional, y luego permite que las chicas escojan de entre una variedad de charlas y talleres dirigidos por adultos de la iglesia. Puedes incluir desde orientación vocacional hasta ejercicios para el cuidado del cuerpo, técnicas de estudio, maquillaje y peinado, o cualquier otra cosa que pienses que pueda interesarles y serles de ayuda. Además de todo lo que aprenderán durante la jornada, podrán conocer y apreciar mejor a algunas de las mujeres adultas de la congregación, lo cual puede dar origen a relaciones de discipulado y consejería a largo plazo.

74. ESCAPE DEL DORMITORIO

En las primeras horas de la madrugada, el encargado de una de las habitaciones del campamento se levanta en silencio y con mucho cuidado camina en puntas de pie hasta el joven elegido. Siempre cauteloso, el consejero despierta al chico: "Shhh, no digas nada. Tengo un plan, pero debemos ser silenciosos. Vístete, nos iremos sigilosamente de aquí".

Junto al joven deben salir a escondidas del campamento (previo aviso con el resto de los organizadores) y dirigirte a una estación de servicio o algún comedor que sepas de antemano que a esa hora estará funcionando, y juntos disfrutar de un desayuno delicioso y caliente. Y si en realidad eres osado, luego de la aventura dile al joven que la excursión es un secreto solo entre tú y él, "o si no, tú sabes, todos querrán hacer lo mismo". De esta manera, al día siguiente puedes despertarte temprano y escabullirte con otro chico de tu cabaña. Esta es una gran oportunidad para tener un momento a solas con el joven, el cual regresará a su casa con un gran recuerdo. Además, una mañana, al menos los dos comerán una comida de verdad.

75. MINI TALLERES

Organiza para tus jóvenes una serie de mini talleres de entre seis y ocho semanas de duración (la noche del domingo durante los meses de verano es un buen horario). Puede haber grupos de teatro, arte, música y tal vez un grupo de estudio. Podrías planear que todos trabajen sobre un mismo tema para reunirse y disfrutar de una experiencia conjunta al final de los talleres, o puedes permitir que cada grupo vaya por su lado. El trabajo dentro de cada grupo puede orientarse hacia algún propósito espiritual, o pueden simplemente compartir momentos de diversión y camaradería en el marco de la iglesia. Aquí tienes algunas ideas y sugerencias:

Grupo de arte. Fabriquen estandartes con telas de colores brillantes para colgarlos en el templo o utilizarlos en el tiempo de adoración, o trabajen en forma combinada con el grupo de arte para crear la escenografía que sus obras requieran. También pueden preparar *collages* sobre diversos temas que sirvan como disparador para el debate o la reflexión.

Grupo de teatro. Escojan y trabajen sobre alguna obra en particular o preparen representaciones teatrales sobre historias bíblicas.

Grupo de música. Trabajen sobre algunos estilos nuevos de música que no sean los que habitualmente se utilizan en los tiempos de adoración en su iglesia, o pueden tener un grupo instrumental (asegúrense de tener gente en el grupo que sepa tocar instrumentos). Este grupo podría seleccionar la música para una reunión especial de adoración, cuidando que se relacione con el tema de la reunión y las lecturas que vayan a utilizarse, o pueden trabajar junto con el grupo de teatro para musicalizar sus obras.

Grupo de estudio. Ofrece este grupo como alternativa para aquellos chicos que no estén interesados en ninguno de los grupos anteriores. El estudio podría estar orientado a aprender más sobre su fe o a algún otro tema que ellos mismos sugieran.

76. PARTIDO COMPARTIDO

Un grupo de jóvenes que conocemos les pidió a treinta y cinco voluntarios de su iglesia que prepararan comida casera; luego, fueron por las calles e invitaron a la gente sin hogar a que vinieran a disfrutar de un plato de comida caliente. Sin embargo, se trataba de una doble sorpresa: ¡también estaban invitados a ver un partido de fútbol! (puede ser algún partido importante en donde

participe la selección nacional o cualquier otro que sea atractivo para todos).

El grupo de jóvenes les había pedido además a los miembros de la iglesia que vinieran a comer por un precio muy bajo, por lo que todo se transformó en un gran acontecimiento social. Las ganancias fueron donadas al hogar de caridad y la congregación disfrutó de la camaradería, la comida y el partido.

77. RETIRO EN EL SHERATON

Está bien, no será en el Sheraton, pero puede parecerlo comparado con un montón de lugares a los que has llevado a tu grupo para celebrar un retiro. Esta idea funciona mejor con grupos pequeños, pero también puedes hacerlo con un grupo más numeroso.

Prepara a tus jóvenes para el retiro tal como lo haces habitualmente. Inventa un nombre para algún campamento ficticio y diles a los chicos que se preparen para un fin de semana de retiro normal (bolsas de dormir, linternas, repelente de insectos y ese tipo de cosas). Mientras tanto, busca un hotel a unas dos o tres horas de la ciudad en el que te ofrezcan una tarifa especial de fin de semana. Por cierto, muchos hoteles tienen tarifas más razonables los fines de semana que los días laborales, y además tal vez puedas hospedar hasta cuatro chicos por habitación. Las tarifas fuera de temporada son más bajas aún, así que ponte a buscar.

La diversión comienza cuando el autobús está avanzando por la carretera y dices: "¿Saben qué? Cambié de opinión. Vamos a ver si conseguimos algunas habitaciones en un hotel. ¿Qué les parece?". Un grupo que conocemos reservó cuatro habitaciones en un hotel de tres estrellas con piscina climatizada, cancha de tenis cubierta y un minigolf. Además, como llegaron a un acuerdo con la comida, en realidad todo salió más barato que si hubieran ido a un lugar de retiro.

De todos modos, sabemos que los líderes de jóvenes más veteranos probablemente extrañarán las camas de los campamentos.

78. MENSAJES DE AUDIO

Imagina esto: Tienes quince años y tu madre grita: "Aquí llegó un mensaje para ti". Corres hasta la mesa de la cocina y ves un sobre con tu nombre, lo abres y encuentras... ¿una memoria USB? También contiene una nota que dice: "Deseaba que supieras lo importante que eres". Pones la memoria USB en tu computadora y escuchas una voz familiar: se trata de tu líder de jóvenes preferido y está hablándote a ti, diciéndote lo importante que eres para Dios y cuánto le gusta a él pasar tiempo contigo. Te dice que sabe que Dios tiene un futuro increíble para ti y te comparte un versículo que ha estado en su mente durante el día. "Soy muy malo escribiendo cartas", concluye el audio, "por eso pensé en grabarte una mientras conduzco hacia el trabajo hoy".

Cómprate una pequeña grabadora y guárdala en el automóvil para cuando tengas ganas de hablar con uno de tus jóvenes, o graba un audio en tu celular (que luego puedas enviar a la memoria USB y hacer la entrega).

79. VIDA NOCTURNA

Este es un *tour* intensivo que dura 12 horas (desde las 6 p.m. de un día hasta las 6 a.m. del día siguiente), en el cual llevarás a tus chicos a conocer un poco de la vida nocturna de tu ciudad. Esta experiencia les dará a tus jóvenes una nueva apreciación de cómo es el mundo real, y, además, como toda experiencia compartida, fortalecerá los lazos de amistad entre ellos.

Un ejemplo de itinerario puede ser:

6 p.m.: reunidos en la iglesia para una charla orientativa, en la cual les explicarás a los jóvenes adónde irán y les encargarás cosas para observar y preguntas en las que pensar

6:30 p.m.: centro de rehabilitación para drogadictos

7:45 p.m.: cine (película secular en un cine del centro de la ciudad)

10:30 p.m.: guardia o sala de emergencias de un hospital público

11:30 p.m.: cena

12:30 p.m.: departamento de policía

2 a.m.: estación de trenes o autobuses

3 a.m.: centro para la prevención del suicidio (con líneas telefónicas de emergencia)

4:30 a.m.: desayuno

6 a.m.: todos a casa

En la siguiente reunión del grupo conversen sobre lo bueno y lo malo de lo que vieron y escucharon. Es recomendable tener esta charla otro día, ya que el grupo estará comprensiblemente agotado después de haber vivido todo esto en una sola noche.

80. KIT DE SUPERVIVENCIA PARA LA SEMANA DE EXÁMENES FINALES

Para un estudiante de la escuela secundaria, el final de un semestre es más extenuante que escalar una montaña: además de los deberes de siempre hay toneladas de tareas atrasadas que entregar, los plazos para los trabajos y proyectos se han vencido y los exámenes finales se avecinan rápidamente. "Tengo demasiada tarea", se lamentan cuando les preguntas si vendrán  al grupo esa semana. Por eso, haz que esta época agotadora sea un poco más llevadera enviándoles a cada uno de los jóvenes un *kit de supervivencia para la semana de exámenes finales,* que contendrá cosas esenciales para estudiar como golosinas, un paquete de seis bebidas gaseosas, quizás algunos versículos alentadores, dos o tres marcadores de colores y un enjuague bucal para los que se quedan trabajando toda la noche. Y si tus chicos pueden soportar una pequeña broma, incluye una fotocopia de tu diploma de secundaria con una nota que diga que tú ya no tienes que tomar más exámenes finales, de modo que puedes mirar televisión hasta la medianoche con total impunidad.

81 UN DÍA EN LA VIDA, LA VIDA EN UN DÍA

Esta actividad les dará a tus jóvenes la oportunidad de ver la vida de una manera más realista y, en un sentido, más completa.

Comiencen el día visitando la maternidad de un hospital (coordina esta visita con anterioridad para que sean bien recibidos). Allí, tus jóvenes podrán ver bebés recién nacidos junto a sus madres y padres; tal vez un doctor o una enfermera pueda guiarlos en un recorrido por el lugar y darles una breve charla sobre el parto y los primeros meses de vida.

Luego lleva a tus chicos a una escuela, y más tarde, a una universidad. Puedes hablarles sobre las diferentes carreras y oportunidades de estudio que existen en tu ciudad o país. Después llévalos a una fábrica en la que puedan ver gente trabajando en los distintos puestos; pueden conversar sobre la necesidad de tener un trabajo y los tipos de empleos que existen. Finalmente, llévalos a un asilo de ancianos. Permite un tiempo para que tus chicos conversen con las personas que viven allí y escuchen sus experiencias de vida. Luego regresen a la iglesia y conversen sobre lo vivido. Puedes agregar otros lugares a esta lista, dependiendo del tiempo que hayas destinado a esta actividad y a los lugares que haya disponibles en tu ciudad.

Guía y a tus chicos a reflexionar en cuanto a sus propias vidas, a pensar acerca del tipo de vida que desean tener y cómo piensan lograrlo, y de cómo esta es la manera natural de terminar nuestras vidas sobre la tierra, y que es una experiencia que a todo el mundo le toca atravesar. Explícales a tus chicos que no debemos tenerle miedo a la muerte; Juan 6:47 es un buen pasaje de las Escrituras para hablar sobre la victoria de los cristianos sobre la muerte. Recuérdales que Dios los ama y que Jesús está preparando un lugar para nosotros en el cielo, y recuérdales también el destino que les espera a los pecadores que no se arrepientan. Esta actividad y la charla subsiguiente pueden poner a tus chicos a pensar en cómo hacer que sus vidas valgan la pena.

82. LA CAJA DE RECUERDOS DEL GRUPO DE JÓVENES

Tú la llamas *caja de recuerdos*, pero tu cónyuge la llama *caja de cachivaches*. "¡Por el amor de Dios! ¿Por qué guardas ese pino de *bowling*?", te pregunta. En ese punto te pones un poco a la defensiva y comienzas a relatar una historia sobre el profundo significado emocional que ese pino de *bowling* tiene para ti. Si tu casa se prendiera fuego, tomarías a tu familia y esa caja para rescatarlos.

Dejando a un lado a los cónyuges pragmáticos, ¿por qué no haces que tu grupo prepare una caja de recuerdos? Alguna noche, coloca una caja vacía delante de tus adolescentes y explícales cómo harán para guardar recuerdos de las actividades que están por venir: luego de cada uno de los eventos, tus jóvenes deberán decidir cuál es el mejor artículo para recordar ese acontecimiento. Cualquier cosa puede servir: una paleta de *ping pong* destruida luego de una tarde de juegos, un ladrillo del proyecto de trabajo, una corteza de pizza que quedó de la noche en vela que pasaron juntos (mejor impermeabilízala para que no se llene de moho) y otras cosas. Luego, en la fiesta de fin de año, dediquen un momento para revisar la caja de recuerdos y hablar sobre los acontecimientos del año, las historias y los compromisos. Finalmente, reparte los tesoros como obsequios de despedida entre los jóvenes mayores que ya están por dejar el grupo.

83. VISITAS EN BICICLETA

Visitar las casas de gente que no ha estado viniendo a la iglesia últimamente por una razón u otra puede ser una gran manera de demostrar que pensamos en ellos. La mayoría de  las listas de miembros de las iglesias están llenas de personas que han dejado de participar, muchas de las cuales son jóvenes. En lugar de que las visitas sean un trabajo exclusivo del pastor de jóvenes, permite que las hagan los chicos activos de tu grupo. Una buena manera de realizarlo es saliendo de dos en dos algún sábado en bicicleta; más tarde, todos volverán a reunirse en la iglesia para tomar un refrigerio y compartir las experiencias del día.

84. GUÍA TEOLÓGICA PARA UNA VISITA AL ZOOLÓGICO

Chimpancés. Míralos hacer sus monerías. ¿Se parece esa forma de comportarse en alguna manera a tu forma de caminar con Dios? ¿Qué cosas deberías cambiar en tu vida para tomarte más en serio el tema de tu relación con Dios? (1 Corintios 9:24-27).

Jirafas. Observa sus largos cuellos, que les permiten alcanzar la comida que está en lo alto de los árboles. En tu caminar con Dios, ¿estás tú esforzándote por alcanzar el alimento espiritual que hay en la Biblia, o estás simplemente alimentándote de las migajas que encuentres por el suelo? ¿Qué pasos podrías dar para aumentar la profundidad de tu vida devocional? (Salmos 42:1-2).

Hipopótamos. La palabra que mejor describe a estos seres es: ¡haraganes! Todo lo que hacen es estar ahí tirados. Eso está bien si eres un hipopótamo, pero los cristianos no podemos darnos el lujo de ser espiritualmente perezosos en cuanto a aplicar la Palabra de Dios a nuestras vidas. ¿Cómo has aplicado la Palabra de Dios a tu vida esta semana? (Proverbios 13:4; Hebreos 6:11-12; Santiago 2:14-20).

Elefantes. Estos gigantes son un ejemplo de fuerza y estabilidad. Si piensas en tu vida espiritual, ¿cuán fuerte y estable eres? ¿Qué tendría que suceder para que te conviertas tú también en un ejemplo de fuerza y estabilidad? (Efesios 6:10; 1 Corintios 15:58).

Águilas. Aunque probablemente no puedes ver un águila en pleno vuelo dentro de un zoológico, puedes imaginarte qué cuadro tan maravilloso sería ese: con las alas extendidas, planeando en libertad... ¿Te sientes fuerte y libre en tu caminar con Dios, o te sientes como el águila del zoológico, encerrada en una pequeña jaula o amarrada a un poste, sentada allí sin poder levantar vuelo? ¿Qué es lo que te impide volar alto y con las alas desplegadas como un águila en libertad? (Isaías 40:31).

Búhos. Tradicionalmente pensamos en los búhos como en seres muy sabios. ¿Estás aplicando la sabiduría de la Palabra de Dios a tu propia vida, o estás viviendo como un necio? ¿Qué consejo sabio, que te haría bien obedecer, has estado ignorando últimamente? (Proverbios 2).

Buitres. Estos animales son valiosos para el medio ambiente porque se alimentan de animales muertos y putrefactos (¿ya es la hora de almorzar?). Nosotros podemos alimentar nuestras mentes con basura podrida si no tenemos cuidado con las cosas que vemos o escuchamos. ¿Cuán limpia está tu mente? ¿Qué cambios necesitas hacer en cuanto a las cosas que permites que entren en tu mente? (Filipenses 4:8; Salmo 101:3).

Gorilas. El tener una buena comunicación con el grupo al que pertenecen es fundamental para poder sobrevivir en la densa jungla. Así como el gorila, nosotros también nos necesitamos mutuamente para sobrevivir en la jungla en la que vivimos. ¿Cuán estrecha es tu relación con los otros miembros del grupo de jóvenes de la iglesia? ¿Dedicas tiempo y esfuerzos a fomentar el amor y la unidad dentro del grupo? ¿Cuáles son algunos pasos que podrías dar para ayudar a tener un lugar en el que todo  el mundo se sienta amado y aceptado y movido a amar a otros? (Hebreos 10:23-25).

Cabras de montaña. Ellas son conocidas por su habilidad para caminar con seguridad y destreza en terrenos rocosos y llenos de peligros. Espiritualmente hablando, ¿cuán seguro y diestro es tu caminar? ¿Hay cosas en tu vida que te estorban y te hacen tropezar o caer? ¿Qué decisiones puedes tomar para quitar esos obstáculos del camino? (Mateo 18:7-9).

Leones. ¿Cuán listo para defenderte estarías tú si de repente te metieran dentro de esa jaula? La Biblia dice que debemos resistir los ataques de Satanás, que es como un león rugiente buscando devorarnos. ¿Qué piensas hacer para resistir sus ataques? (1 Pedro 5:8-9).

¡Ahora es momento de poner a prueba tu imaginación! ¿Puedes pensar en alguna otra analogía espiritual relacionada con los animales que viste hoy? Escribe tantas como se te ocurran....

85. CONOCE DÓNDE DUERMEN TUS AMIGOS

Si se maneja con la suficiente preparación, este *tour* puede llegar a ser una gran actividad para relacionarse que les permitirá a tus chicos conocer cosas los unos de los otros de una manera informal, mostrarle a los demás dónde y cómo viven y posibilitar que el grupo conozca a los padres de los otros chicos.

El evento comenzaría en la iglesia y terminaría ya sea en una casa o en la iglesia nuevamente para tener una fiesta especial, o bien podría transformarse en una cena por etapas, de modo que los chicos coman algo en cada hogar que visiten. Los chicos se trasladarán en automóvil o autobús hacia las casas previamente seleccionadas y preparadas de algunos de los jóvenes del grupo. Cada joven deberá tener un lápiz o bolígrafo y una lista para ir completando con lo que vean en la casa que están visitando: algunas ideas pueden ser cuántas personas viven en la casa, si tiene mascotas o no, si comparte la habitación con alguno de sus hermanos, cuántos colores de pared identifican en la casa, cuántos televisores y computadoras hay, si cuando llegan de visita hay alguien más haciéndolo (algún pariente o vecino), etc.

En la última parada se pueden entregar premios a la habitación más desordenada, la que tiene más estilo, la más ordenada, la mejor decorada, la más grande, la más olorosa y así sucesivamente.

IDEAS

para eventos varios

Estas últimas actividades y eventos son especiales y creativos también. Si quieren aplicar algún tema bíblico, podrían encontrarse versículos en la Biblia o temas que encajen, pero si no, estos eventos ayudarán a que sigas influenciando a tus discípulos con diversión y entrega.

86. TRAVESURA PLANEADA 1: IRRUPCIÓN EN LA ESCUELA DOMINICAL

Imagina lo siguiente: han transcurrido quince minutos en tu clase de escuela dominical, y un policía uniformado ingresa al salón. Pregunta si puede hablar con Rubén Rodríguez. No, el chico no está en problemas; el oficial solo quiere hablar con él.

El policía escolta a Rubén hasta el estacionamiento, donde tú te encuentras en tu automóvil, listo para llevarlo a desayunar. Si no puedes encontrar a un oficial de policía, utiliza a un padre, el pastor o a cualquiera que pueda interrumpir una clase con autoridad y causarle al chico un poco de vergüenza (que no sea mucha, obvio).

¿El objetivo? Has invadido el programa habitual de la escuela dominical para pasar un tiempo a solas con uno de los jóvenes. Seguramente se perderá la enseñanza de esa mañana, la cual es probable que ya la hubiera olvidado para el martes (siendo generosos), pero recibirá una "lección" que nunca olvidará.

87. LA CÁPSULA DEL TIEMPO

Prepara una reunión especial de trasnoche, y organiza como última actividad, antes de irse a dormir, un tiempo para escribir cartas sobre lo que el grupo de esta edad piensa acerca de la situación mundial actual, de su iglesia, de dónde piensan que estará la iglesia en los próximos diez años, etc. Guárdalas junto con un periódico actual, objetos personales y otras cosas similares en una bolsa plástica para residuos. Entiérrenla a más de un metro de profundidad en algún lugar del terreno de la iglesia. Se podría remover cuidadosamente el césped y cavar un hoyo o encontrar un lugar sin césped en la parte trasera. Hazlo en el mayor secreto posible (quizás algún anciano o el pastor podrían saberlo) y planea dejarla allí. Quizás dentro de diez años algún miembro del grupo lo recuerde e intente recuperar los objetos, o podrías darle a esta velada el nombre de *Mensaje al futuro* y simplemente dejar la bolsa allí con la esperanza de que algún arqueólogo la encuentre dentro de millones de años.

88. TROFEOS

La esencia de un ministerio saludable puede estar simplemente en el mensaje que esconde un trofeo. Los ministerios sanos están llenos de aprecio y afirmación. Una manera fácil y poco costosa de mostrarles aprecio a tus jóvenes es a través de trofeos personalizados. No gastes dinero en comprar unos nuevos; compra trofeos viejos en las tiendas de

artículos de segunda mano (yo he conseguido docenas de ellos por algunas monedas). Luego reemplaza la placa vieja por una nueva y reluciente que tenga tu propia inscripción; invirtiendo muy poco dinero en la placa, habrás creado un tesoro único. La entrega de este premio puede convertirse en una actividad habitual que te permita crear recuerdos inolvidables para tu grupo.

Aumenta la emoción antes de anunciar al ganador mensual o trimestral cubriendo el trofeo con una funda durante la reunión y luego revelándolo como una sorpresa en el instante indicado. Te sorprenderá ver con cuán poco puedes afirmar a adolescentes en esta etapa tan poco firme para ellos.

89. DISCIPULANDO AL COPILOTO

Ya sea que hayas estado involucrado en el ministerio juvenil por diez meses o diez años, sabes que a los adolescentes les encanta ser los copilotos cuando te acompañan en el automóvil, y para lograrlo gritan, juegan carreras y se empujan. Los jóvenes quieren sentirse importantes, adultos y valorados, y muchos se sienten de esta manera cuando ocupan el asiento delantero, al lado del conductor. Por lo tanto, aprovecha todos los encargos personales que debes hacer y pídele a uno de los jóvenes que te acompañe.

Algunas de las mejores conversaciones que hemos tenido con los adolescentes se han desarrollado mientras comprábamos comida o íbamos a la ferretería. Incluso sin una guía a seguir, este es un momento ideal para realizar un discipulado de incógnito. El día que uno de los jóvenes y yo construimos una casa para el perro, condujimos por la ciudad buscando madera y tejas, y hablamos de todo un poco. La casa para el perro fue un fracaso (duró solo un invierno); sin embargo, a juzgar por las conversaciones que he tenido con ese joven desde entonces, el recuerdo de ese día ha perdurado un largo tiempo en su memoria.

Ya sea que los chicos te acompañen a hacer alguna diligencia o trabajen en tu casa, estos tiempos fuera de agenda constituyen una manera especial de que los jóvenes vean al Jesús del cual escuchan los domingos viviendo el lunes a sábado.

90. ESTE ES TU DÍA

Escoge a un joven especial de tu grupo que esté necesitando una gran dosis de estímulo, o a uno al que quieras recompensar por sus avances en el proceso de discipulado, y dedica la próxima reunión a ese adolescente. Cuelga carteles con su nombre por todo el salón, consigue fotografías de cuando era bebé, muestra videos con entrevistas a sus maestros, amigos y padres en las cuales se destaquen las cualidades especiales que han observado en él. Haz que todo el grupo de jóvenes se involucre, y pídeles que preparen un juego de preguntas y respuestas sobre su vida. Luego compartan una breve reflexión acerca de una de las características distintivas que este joven modela (un rasgo que pueda aplicarse a todo el grupo).

El tiempo que pasas preparando esto representa una pequeña inversión en la vida de un joven, pero traerá resultados sumamente positivos, los cuales quizás nunca llegues a conocer por completo.

91 TRAVESURA PLANEADA 2: ESCAPE DE LA ESCUELA DOMINICAL

Si nunca has deseado, al menos una vez en tu vida, escaparte de la escuela dominical, simplemente no eres normal. Y no te hagas ilusiones... ¡tus jóvenes no son la excepción! ¡Así que solo hazlo! En especial si tienes un grupo pequeño, no es difícil salir a hurtadillas del salón de clases, avanzar silenciosamente por el pasillo, dejar el edificio y escaparse hasta la cafetería de la esquina con algunos de tus chicos.

Si tu grupo es demasiado grande como para salir de la iglesia de modo inadvertido, ponte de acuerdo con uno de tus líderes para salir de incógnito con un grupo más pequeño. Y aquí es donde comienza la diversión. Cuando llegan a la cafetería, ¿a quién encuentran bebiendo una taza de café? ¡Al pastor, por supuesto! Claro que todo está planeado, pero simula sentirte avergonzado y pregúntale si no quiere unirse al grupo. De este modo, comenzará una audiencia privada de tu grupo con el pastor (y lo que puede llegar a ser el domingo de escuela dominical más inolvidable que alguna vez hayan tenido tus jóvenes).

Y hay algo más: como la mayoría de los chicos no tiene dinero, el pastor puede pagar la cuenta. Solo estará experimentando lo que tú vives todas las semanas.

92. El RECORRIDO EN TU VIDA

Esta será una clase que durará todo el día. Comienza con una visita matutina a la sala de maternidad de un hospital, donde guiarás una conversación sobre los sueños y temores que los padres de los chicos pueden haber tenido el día en que ellos nacieron. Luego continúa a través de las diferentes etapas de la vida: una parada en una escuela primaria, en un parque de juegos (que esté completo, con hamacas y todo tipo de artefactos infantiles para treparse, etc.), en una escuela secundaria, en una universidad, en  dos o tres lugares de trabajo en la ciudad (de baja y alta categoría e independientes), en un hogar de ancianos y, finalmente, una última parada en una funeraria. En cada lugar, anima a los chicos a registrar sus pensamientos en un diario o compartirlos con el grupo. Cada sitio, es decir, cada etapa de la vida, plantea preguntas y temas de discusión que llevan a la reflexión. Utiliza la pequeña capilla que probablemente tendrá la casa funeraria para guiar ya sea una experiencia de adoración o un compromiso de servicio, lo que tú elijas.

93. CARTA DE DIOS

A muchos chicos se les hace difícil creer que la Palabra de Dios es en realidad relevante. ¿Qué podría decirles la Biblia a ellos y sus problemas y pasiones? Haz la prueba de escribirle una carta a uno de tus jóvenes, una carta compuesta por varios versículos bíblicos puestos juntos, parafraseados lo suficiente como para que se lean de forma fluida (solo ten cuidado de no cambiar el significado de los versículos por el contexto que les des). Si realizas una buena selección, puedes elaborar una carta con un significado genuino y muy valioso para el joven.

Cuando recién comenzaba mi ministerio, alguien me envió de forma anónima una carta como esta. No puedes imaginarte cuánto significó para mí. La pegué en la primera página de mi agenda anual y la llevo conmigo desde entonces.

Querido Antonio:

Yo te he creado, te he llamado por tu nombre. Eres precioso ante mis ojos y me regocijo en ti con alegría. En realidad, te he llamado para que tengas comunión con mi hijo, Jesús. Te enseñé a caminar en mis caminos, aun cuando no te dabas cuenta; por eso, búscame día tras día y desea con todo tu corazón conocer mis caminos.

Continúa conociéndome cada día un poco más y te responderé, tan cierto como que sale el sol o como que la lluvia de primavera riega la tierra. Ven y contempla mi hermosura, Antonio. Derrama tu corazón como una ofrenda ante mí y descubre el alivio que hay en mi presencia.

Te amo

Tu Padre celestial

(Antonio, el texto de esta carta está tomado directamente de la Palabra de Dios. Aquí puedes encontrar los versículos en el orden en que aparecen: Isaías 43:1, Isaías 43:3, Sofonías 3:17, 1 Corintios 1:9, Oseas 11:3, Isaías 58:2, Oseas 6:3, Salmo 27:4, Lamentaciones 2:19, Hechos 3:19).

94. TRAVESURA PLANEADA 3: ATAQUE Y CONTRAATAQUE AL DORMITORIO

Se trata simplemente de un ataque con globos de agua a otro dormitorio a las dos de la mañana (o eso es lo que les permitirás creer a los chicos de tu cabaña o habitación). Lo que los chicos no saben es que has hecho un arreglo secreto con la gente del otro dormitorio, así que tus chicos salen a hurtadillas en la oscuridad esperando empapar a las dormidas y desprevenidas víctimas, pero resulta que estas se han escondido afuera, en los alrededores de su dormitorio. Justo cuando los atacantes entran y descubren que no hay nadie, ellos salen de sus escondites dando gritos y empapándolos. Esta es una masacre que será recordada por largo tiempo...

95. FUTURO NOVATO

El primer año de secundaria puede ser una transición traumática para los chicos. Quizás puedas hacerla un poco más fácil con una carta personal a uno o varios de tus jóvenes; adviérteles de las presiones que probablemente enfrentarán, y anímalos diciéndoles lo que Dios puede lograr en ellos durante estos años. Dales alguna cosa por la cual luchar. Quizás puedas escribir algo como esto:

Querida Ana:

¡Bienvenida a tu primer año de secundaria! Ha sido fantástico haber podido conocerte mejor este verano, y estoy emocionada por el hecho de que seas parte del grupo de jóvenes mayores.

Los próximos años vivirás una verdadera aventura y tengo fe en que tienes lo que hay que tener para sobrevivir en la secundaria e incluso triunfar allí también. Cuando hablo de sobrevivir en la secundaria no me estoy refiriendo a evitar que alguien de los años superiores te meta en un basurero, sino me refiero a una supervivencia espiritual. He observado a un montón de jóvenes que fueron abrumados por las presiones y las tentaciones, y finalmente se graduaron no solo de la secundaria sino también de su fe. No es que no hubieran participado en suficientes estudios bíblicos, coros o viajes misioneros, pero por lo general, lo que ocurrió fue que simplemente tomaron malas decisiones.

Durante los próximos años verás y escucharás muchas cosas. Con suerte, vivirás innumerables momentos positivos en los corredores, salones de clase, laboratorios y la zona de los casilleros; sin embargo, inevitablemente verás y escucharás también un montón de basura (sobre fiestas, problemas sexuales, abuso de alcohol y drogas, y peleas como no has visto hasta ahora). Al principio, todo esto te parecerá extraño, pero mientras más expuesta estés a tales cosas, más naturales e incluso glamorosas te parecerán, y finalmente las considerarás legitimas. Por lo tanto, puede resultar difícil ser reconocida como una cristiana. Si dejas que tu fe sea conocida, algunos chicos te admirarán y otros te ignorarán; no obstante, si te mantienes firme y no negocias tu fe durante el primer año, te ganarás el respeto de muchos de tus compañeros. Poco a poco irán entendiendo que no eres solo una persona religiosa, sino que tienes una fe auténtica que sobrevive en la olla de presión que es la escuela secundaria. Tus amigos, mientras tanto, te respetarán y te apreciarán por tu integridad, por mantenerte firme.

Eres una chica popular, Ana, y mucha gente te observará para ver cómo te desenvuelves en situaciones difíciles; quizás te das cuenta de que ya están haciéndolo. Mirarán cómo hablas, cómo tratas a los demás, cómo actúas bajo presión. Te guste o no, los cristianos son observados. Yo creo en ti, Ana, y pienso que tienes lo que hay que tener para sobrevivir en la escuela secundaria e incluso tener éxito en ella como una cristiana que crece cada día más. Casi no puedo esperar para ver cómo las manos de tu buen y misericordioso Dios te moldearán durante los siguientes años.

Quiero que sepas que puedes contar conmigo siempre, como una amiga y hermana. Espero con ansias que llegue ese gran día de la graduación, cuando mirarás hacia atrás y verás años que habrán sido a veces duros, a veces divertidos, pero que siempre fueron años en los que hiciste todo lo que pudiste para ser un ejemplo de cristiana.

¡Te quiero mucho y me importas!

Andrea

96. COMPLETA LA ORACIÓN

Piensa en algunas frases de afirmación, escríbelas y luego fotocópialas en tarjetas de cartulina. Escribe solo el comienzo de algunas frases. Por ejemplo: *Hoy estuve pensando en ti y* _____, *Estoy feliz de que estés en nuestro grupo de jóvenes porque* _____, *No creo lo que todo el mundo dice de ti porque* _____ y otras más que se te ocurran.

Luego entrégaselas de manera formal o informal a tus jóvenes, animándolos a terminar las oraciones y a enviar estas tarjetas por correo a un amigo. Completa y envía algunas tú también, para que los chicos ausentes sepan que estuviste pensando en ellos.

97. DOBLE FOTOGRAFÍA, DOBLE BENDICIÓN

Y ahora, unas palabras del departamento de "¡Vaya, luego de todos estos años de hacer collages con fotos para el salón de jóvenes, deberían haber sabido que se me iba a ocurrir esta idea!": por unas pocas monedas más puedes obtener un segundo conjunto de impresiones fotográficas de tu grupo de jóvenes. Utiliza estas segundas copias como oportunidades para escribirles un mensaje de vez en cuando a tus chicos e incluir estos trofeos fotográficos en él. Sabes bien que a los chicos les gusta recibir mensajes y también les encanta verse en una fotografía. Esto será otro recordatorio visual de que él o ella es importante para ti.

98. AMO ESA ROPA SUCIA

Este creador de recuerdos no es tanto para los jóvenes, sino para sus madres o quien sea que lave la ropa en la familia. Haz una campaña en el grupo para que todos los chicos les escriban un mensaje a sus madres y se los coloquen en el bolsillo de sus pantalones. ¡Cuando la mamá revise todos los bolsillos antes de poner la ropa en la lavadora, encontrará una carta de reconocimiento dirigida a ella!

Durante la reunión de jóvenes, entrégale a cada uno de los chicos entre cinco a diez tarjetas en las cuales escribirán una breve nota de agradecimiento a sus madres. Nada muy elaborado, solo un simple reconocimiento por hacer el trabajo sucio de la casa: "Querida mamá, gracias por lavar estos *jeans* mugrientos

una vez más. Sé que
no te agradezco muy
seguido por todo lo
que haces en casa,
pero realmente
lo valoro. ¡Eres
fabulosa, mamá!".

Un día determinado,
los chicos
comenzarán a poner
estas notas de agradecimiento en los bolsillos de sus
pantalones, una a la vez, antes de lanzarlos a la canasta
de la ropa sucia. Y en algún momento de esa semana,
muchas madres permanecerán junto al montículo de ropa
interior y calcetines sucios de sus hijos adolescentes
con una inmensa gratitud en el corazón, y hasta quizás
lágrimas en sus ojos.

99. ADJETIVO RECARGADO

A los jóvenes les hace muy bien recibir palabras de
aliento, incluso un simple estímulo como este: escribe
el nombre del joven en el medio de una hoja de papel,
y luego rodea el nombre con toda clase de palabras
descriptivas que sean acordes a él o ella. Agrégale
impacto a esta carta-regalo, pidiéndole a alguien
que tenga habilidad con la computadora o para hacer
diseños, que disponga las palabras de manera que la
presentación luzca más formal. Para una presentación
realmente formal, enmárcala.

100. AFICHES PERSONALIZADOS

Ya conoces los afiches que se venden de manera habitual en las librerías cristianas: versículos bíblicos o alguna frase inspiradora impresos sobre paisajes, fotografías de atletas en acción, huellas en la arena, tiernos animales... ¿Estás listo para un cambio? ¡Diseña tu propio afiche del grupo de jóvenes! Como ya sabes, hoy es posible tomar una imagen, agrandarla, agregarle un texto e imprimirla sobre cualquier tipo de papel.

- Prolonga los recuerdos del campamento de verano con un afiche diseñado para el grupo donde aparezca impreso sobre la mejor fotografía que hayan tomado el versículo: «El que comenzó tan buena obra en ustedes la irá perfeccionando hasta el día en que Jesucristo regrese. De esto estoy seguro» (Filipenses 1:6).

- Para recordar un proyecto de trabajo: «Que nadie te menosprecie por ser joven. Pero sé ejemplo de los fieles en la forma en que hablas y vives, en el amor, en la fe y en la pureza» (1 Timoteo 4:12).

- Para conmemorar la participación de alguno de los chicos en los juegos con barro que organicen en un retiro o campamento: «Y ustedes están limpios, aunque no todos» (Juan 13:10b).

Por supuesto, luego de haber colgado estos afiches en el salón de jóvenes durante un mes, quítalos y regálaselos a los chicos o a sus padres. Estoy convencido de esto: el que comenzó tan buena obra en ustedes la irá perfeccionando hasta el día de Cristo Jesús.

5 trampolines de creatividad

1. DERROCHA GRACIA ✝ = ♡

2. CUIDA LOS DETALLES

3. MODELA ESFUERZO

4. TRABAJA EN EQUIPO

5. SÉ VALIENTE

derrocha GRACIA

Una de las razones principales de por qué suele faltar creatividad en muchos grupos de personas de todo tipo es porque quienes son parte de ellos no perciben que hay espacio para el error. Es decir, todos tienen temor a equivocarse y que se los regañe o que se burlen de ellos y eso coarta la expresión y la creatividad. El temor es uno de los principales enemigos de la creatividad y el único antídoto contra el temor es el amor incondicional y la gracia que echan fuera el temor a expresarnos.

Enséñales a tus jóvenes que entre los cristianos podemos «equivocarnos en confianza» y algo puede salir mal y no es ninguna tragedia.

A distintos roles distintas reglas y el ministerio de nuevas generaciones no es el lugar para que todo sea profesional y salga bien, sino que debe ser un refugio para que el perfume de la gracia haga que cualquier mal olor pase desapercibido.

La gracia es el primer y más poderoso trampolín para la creatividad de tu grupo.

Cuida Los Detalles

Seguramente escuchaste por ahí que hay que hacer las cosas con excelencia, pero no muchos explican que eso no quiere decir que las cosas sí o sí tienen que ser perfectas ni tampoco se suele señalar que la excelencia se crea con pequeños detalles y no necesariamente los más vistosos. Por ejemplo: demasiados líderes ponen toda su atención en lo que sucede en el escenario, pero no en lo que sucede en la entrada al saludar a los que recién llegan y ambas cosas tienen un impacto poderoso.

Siempre piensa en cada detalle de lo que sucede en tu ministerio y presta atención a lo que aparentemente nadie ve.

modela el Esfuerzo

Liderar es un privilegio que se gana sirviendo y los mejores líderes no le piden nada a sus liderados que ellos no estén dispuestos hacer. Claro que eso no significa que tú tienes que hacer todo, pero sí significa que cuando les pides algo no es por comodidad o porque consideras que tú eres demasiado importante como para hacer esa tarea. Muestra esfuerzo y ellos se esforzarán. Muestra compromiso y ellos se comprometerán.

Trabaja en Equipo

Si un ministerio depende de una sola persona es un ministerio débil, no importa cuántos asistentes haya en ese grupo. Cualquier tipo de éxito será aparente y pasajero. El verdadero éxito tiene que ver con fidelidad a una misión y la misión de un ministerio cristiano es el discipulado que acompaña a la madurez en Cristo y por eso en casi todas las ideas de este libro damos a entender que es fundamental que los participantes sean los protagonistas del ministerio y no solamente el público de un gran líder.

Trabaja en equipo con ellos, con otros líderes que sean buenos para lo que tú no eres bueno. Suma padres e incluso abuelos y apoya a otros ministerios de la iglesia. Dios nos hizo para vivir en comunidad y la calidad de tus relaciones es la verdadera calidad de tu vida.

Sé Valiente

Tus jóvenes y tu equipo se animarán a practicar la fe en la medida en que la vean en acción en tu vida. Demasiados ministerios se estancan porque, aunque tienen líderes que son buenas personas y tienen buenas intenciones, son líderes demasiado preocupados por la crítica o el fracaso o tienen un apetito exagerado por agradar a todo el mundo. Juégatela y se la jugarán quienes te siguen. Anímate a equivocarte y a ser criticado y ellos se animarán también. Equivocarse no es sinónimo de pecar. A veces las cosas salen mal pero nunca sabremos si funcionan si no probamos. Los que hay que hacer es medir costos y si el costo es simplemente que alguien piense que te equivocaste, ¿qué importa? La historia no la escriben los que saben hacer las cosas sino quienes las hacen.

ALGUNAS PREGUNTAS QUE DEBES RESPONDER:

¿QUIÉN ESTÁ DETRÁS DE ESTE LIBRO?

Especialidades 625 es un equipo de pastores y siervos de distintos países, distintas denominaciones, distintos tamaños y estilos de iglesia que amamos a Cristo y a las nuevas generaciones.

e625.com

¿DE QUÉ SE TRATA E625.COM?

Nuestra pasión es ayudar a las familias y a las iglesias en Iberoamérica a encontrar buenos materiales y recursos para el discipulado de las nuevas generaciones y por eso nuestra página web sirve a padres, pastores, maestros y líderes en general los 365 días del año a través de **www.e625.com** con recursos gratis.

zona de contenido
PREMIUM

¿QUÉ ES EL SERVICIO PREMIUM?

Además de reflexiones y materiales cortos gratis, tenemos un servicio de lecciones, series, investigaciones, libros online y recursos audiovisuales para facilitar tu tarea. Tu iglesia puede acceder con una suscripción mensual a este servicio por congregación que les permite a todos los líderes de una iglesia local, descargar materiales para compartir en equipo y hacer las copias necesarias que encuentren pertinentes para las distintas actividades de la congregación o sus familias.

¿PUEDO EQUIPARME CON USTEDES?

Sería un privilegio ayudarte y con ese objetivo existen nuestros eventos y nuestras posibilidades de educación formal. Visita **www.e625.com/Eventos** para enterarte de nuestros seminarios y convocatorias e ingresa a **www.institutoE625.com** para conocer los cursos online que ofrece el Instituto E 6.25

¿QUIERES ACTUALIZACIÓN CONTINUA?

Regístrate ya mismo a los updates de **e625.com** según sea tu arena de trabajo: Niños- Preadolescentes- Adolescentes- Jóvenes.

¡APRENDAMOS JUNTOS!

e625.com   ⓕ ⓨ ⓘ ▶/e625COM

¡SUSCRIBE A TU MINISTERIO PARA DESCARGAR LOS MEJORES RECURSOS PARA EL DISCIPULADO DE LAS NUEVAS GENERACIONES!

Lecciones, bosquejos, libros, revistas, videos, investigaciones y mucho más

e625.com/premium

ZONA DE CONTENIDO
PREMIUM

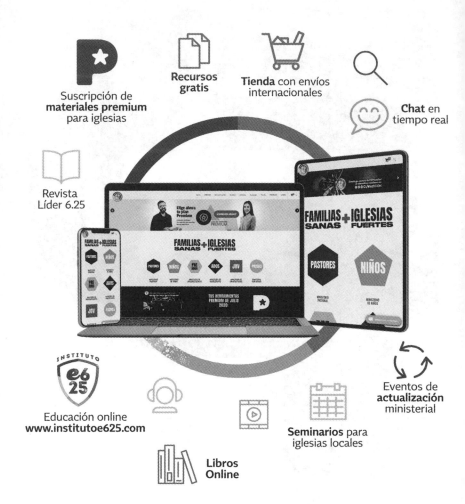

Suscripción de **materiales premium** para iglesias

Recursos gratis

Tienda con envíos internacionales

Chat en tiempo real

Revista Líder 6.25

FAMILIAS + IGLESIAS
SANAS FUERTES

INSTITUTO e625
Educación online
www.institutoe625.com

Eventos de **actualización** ministerial

Seminarios para iglesias locales

Libros Online

e625.com
TE AYUDA
TODO EL AÑO